Die Angaben in diesem Buch sind ständigen Änderungen und Aktualisierungen unterworfen. Die enthaltenen Informationen geben, wenn nicht anders vermerkt, den Stand im Juli 2013 wieder.

MIX
Aus verantwortungsvollen Quellen
FSC® C114500

Bibliografische Information der Deutschen Nationalbibliothek:

Die Deutsche Nationalbibliothek verzeichnet diese Publikation in der Deutschen Nationalbibliografie. Detaillierte bibliografische Daten sind im Internet über **http://dnb.d-nb.de** abrufbar.

4 3 2 1 17 16 15 14

Text: Barbara Iland-Olschewski
Fachliche Beratung: Marcus Olschewski
Redaktion: Claudia Fahlbusch
Gestaltung: Petra Kita
Umschlaggestaltung: Miriam Weber

Printed in Germany

ISBN 978-3-473-55368-6

www.ravensburger.de

Das große Ravensburger

FUSSBALL-BUCH

Ravensburger Buchverlag

Inhalt

Das Spiel

Anstoß in England

Aus verschiedenen Jahrhunderten und weit verstreuten Teilen der Welt gibt es Belege dafür, dass Menschen sich schon seit langer Zeit für Ballsportarten begeistern, die Gemeinsamkeiten mit Fußball und Rugby aufweisen. Manche solcher Spiele waren Teil von bestimmten Festen und Zeremonien, andere wurden als Wettbewerbe ausgetragen oder galten als reine Freizeitbeschäftigung. Doch der Startschuss für das Fußballspiel, wie wir es heute kennen, fiel in England.

Das Eton Wall Game diente möglicherweise als Anregung für das „Quidditch"-Spiel in den Harry-Potter-Romanen.

1.

Fußballwettbewerb der Welt: FA Cup 1871–72
Länderspiel 1872: England – Schottland 0 : 0
Profispieler: die Schotten John Love und Fergus Suter für den englischen Verein Darwen, 1879

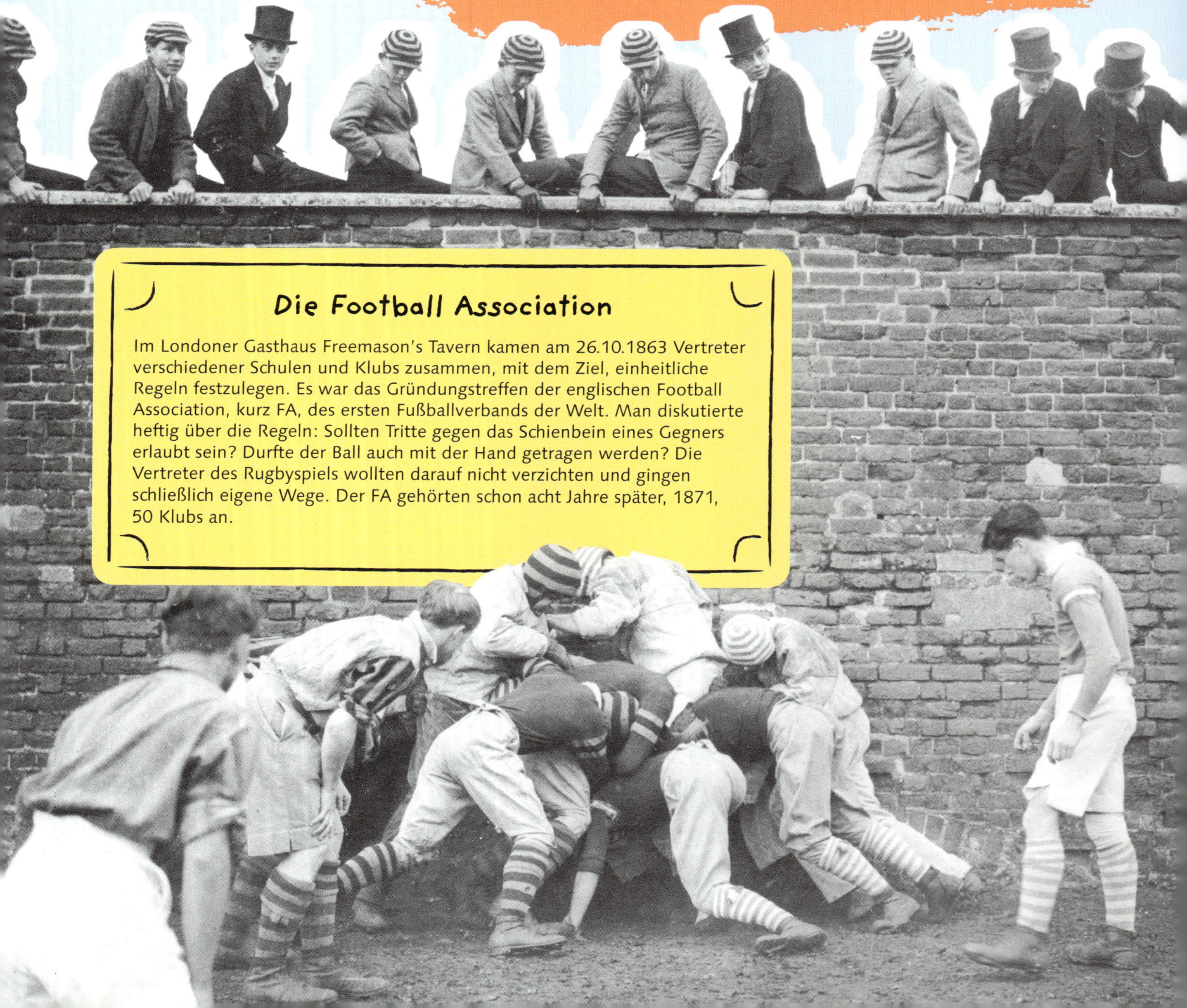

Die Football Association

Im Londoner Gasthaus Freemason's Tavern kamen am 26.10.1863 Vertreter verschiedener Schulen und Klubs zusammen, mit dem Ziel, einheitliche Regeln festzulegen. Es war das Gründungstreffen der englischen Football Association, kurz FA, des ersten Fußballverbands der Welt. Man diskutierte heftig über die Regeln: Sollten Tritte gegen das Schienbein eines Gegners erlaubt sein? Durfte der Ball auch mit der Hand getragen werden? Die Vertreter des Rugbyspiels wollten darauf nicht verzichten und gingen schließlich eigene Wege. Der FA gehörten schon acht Jahre später, 1871, 50 Klubs an.

Shrovetide Football

Bereits im Mittelalter wurde in England eine Urform von Fußball und Rugby zwischen zwei Dörfern oder Stadtteilen ausgetragen. Bei diesem fast regellosen Massenereignis lagen die „Tore" kilometerweit auseinander. Es gab kein abgegrenztes Spielfeld und keine festgelegte Mannschaftsgröße. Der Ball wurde durch Orte, Flüsse und Seen getrieben, über Hecken, Zäune und Viehweiden. Zuschauer mischten sich unter die Spieler, alle Körperteile kamen zum Einsatz – zum Befördern des Balls wie auch gegen das andere Team.
In Ashbourne, in der Grafschaft Derbyshire, pflegt man diese Tradition: Seit Jahrhunderten findet dort der „Shrovetide Football" statt. Als Tore dienten früher Mühlsteine, der Ball ist mit Kork gefüllt und zum Kicken nicht geeignet.

Die Spiele beim traditionellen „Shrovetide Football" in Derbyshire werden als lokales Derby-Match bezeichnet – ein Begriff, den man heute für alle Fußballspiele zwischen rivalisierenden Nachbarvereinen verwendet.

British Ladies

Die Londonerin Nettie Honeyball setzte sich 1894 für die Gründung des ersten englischen Frauenfußballklubs – „The British Ladies' Football Club" – ein. Im Jahr darauf fand das erste öffentliche Spiel vor etwa 10 000 Zuschauern statt. Die Presse reagierte mit hämischen Kommentaren, bezeichnete das Spiel der Frauen als unweiblich und unattraktiv und heizte die Diskussionen über die Kleidung der Fußballerinnen an: Sie trugen Hütchen, weite Knickerbocker und manche darüber knielange Röcke.
Später kickten die British Ladies auch gegen Männermannschaften. 1902 verbot die FA ihren Mitgliedern Spiele gegen Frauenteams.

Englische Privatschulen

Spätestens seit Anfang des 19. Jahrhunderts erfreute sich das Spiel mit dem Ball an privaten Eliteschulen zunehmender Beliebtheit. Es entwickelten sich verschiedene Varianten, bei denen es oft brutal zur Sache ging. Die Regeln waren an jeder Schule anders, das Spielfeld richtete sich nach den vorhandenen Möglichkeiten. So begrenzt beim heute noch gespielten Eton Wall Game eine etwa 110 Meter lange Ziegelmauer den nur ca. fünf Meter breiten Spielfeldstreifen. Zu Beginn jeder Spielphase bilden die Sportler einen Pulk an der Mauer. Der Ball wird in die aneinandergedrückten Spieler gerollt. Beide Teams versuchen, ihn zu erkämpfen und ans gegnerische Ende zu befördern. Früher war die Faust im Gesicht des Gegners erlaubt – heute ist es verboten, andere Spieler zu schlagen oder festzuhalten. Tore fallen höchst selten, das letzte wurde 1909 erzielt.

Rund um die Welt

Etwa 265 Millionen Menschen auf der Welt spielen Fußball! Das fand der Weltfußballverband FIFA bei einer großen Befragung im Jahr 2006 heraus. Ob die Gründer der FA 1863 im englischen Pub mit einem solchen Erfolg gerechnet haben?

Grönland hat eine eigene Fußball-Nationalmannschaft, ist aber bisher nicht Mitglied der FIFA. Lange wurde die Ablehnung seiner Aufnahme in den Weltfußballverband mit dem Fehlen eines Naturrasenplatzes begründet.

In den **USA** steht die Fußballliga im Schatten der populäreren Sportarten American Football, Baseball, Basketball und Eishockey. „Soccer“, wie das Fußballspiel in den USA heißt, ist aber ein beliebter Sport für Kinder. Und auch an Highschools und Colleges wird gekickt. Vor allem für Frauen ist Fußball als College-Sport interessant, es gibt viele sehr gute Spielerinnen und tolle Teams. Die Frauen-Nationalmannschaft der USA gehört zu den erfolgreichsten der Welt.

Fußball ist Sportart Nummer eins in **Mittelamerika** – abgesehen von Panama und Nicaragua, wo das Interesse für Baseball überwiegt. Stärkste Fußballnation ist Mexiko. In der Karibik sind Kricket und Baseball die bevorzugten Sportarten.

In **Brasilien** findet die Fußball-WM 2014 statt. Fußball ist hier Nationalsport und verbunden mit einer Lebensfreude, die im brasilianischen Samba und Karneval zum Ausdruck kommt. Brasiliens Kicker gelten als technisch geschickte, einfallsreiche Ballzauberer.

1874

11 Jahre nach Gründung der Football Association, führte der Gymnasiallehrer Konrad Koch zusammen mit seinem Kollegen August Hermann das Fußballspiel an deutschen Schulen ein. Koch verfasste die ersten deutschen Fußballregeln und übersetzte englische Fachausdrücke. Viele seiner Begriffe – zum Beispiel Halbzeit, Strafstoß, Mittelstürmer – gelten bis heute.

Mit britischen Seeleuten kam der Fußball nach **Südamerika**. Heute wird in Südamerika leidenschaftlich gekickt – man ist mindestens so fußballverrückt wie in Europa. Mancher Jugendliche hier hofft darauf, die Armut und die Elendsviertel als erfolgreicher Profifußballer hinter sich lassen zu können. Vorbilder sind Stars wie Pelé, Ronaldinho, Diego Maradona, Lionel Messi und andere berühmte Spieler, von denen viele ihre Herkunftsländer mit Hilfsprojekten unterstützen.

Kaufleute, Studenten und Facharbeiter brachten das Spiel von England in andere europäische Länder. 1904 wurde in Paris der Weltfußballverband FIFA (Féderation Internationale de Football Association) gegründet. Gründungsmitglieder waren sieben europäische Verbände: Frankreich, Belgien, die Niederlande, Dänemark, Spanien, Schweden und die Schweiz. Fußball ist heute die beliebteste Sportart in **Europa** und hat den größten Anteil bei der Sportberichterstattung.

Wichtigste Fußballnationen in **Asien** sind Japan und Südkorea mit sehr guten Spielern. Die erste Fußball-WM auf asiatischem Boden fand 2002 in diesen beiden Ländern statt. In den Baseball-begeisterten Nationen wuchs das Interesse der Zuschauer am Fußballsport durch das Großereignis im eigenen Land.
Reiche Ölstaaten im Westen, aber auch China und andere asiatische Nationen locken Spielerstars und Trainer aus der ganzen Welt mit viel Geld. Daneben gibt es Länder, die schlichtweg zu arm sind, um am professionellen Fußball teilzunehmen, wie zum Beispiel Kambodscha in Südostasien.

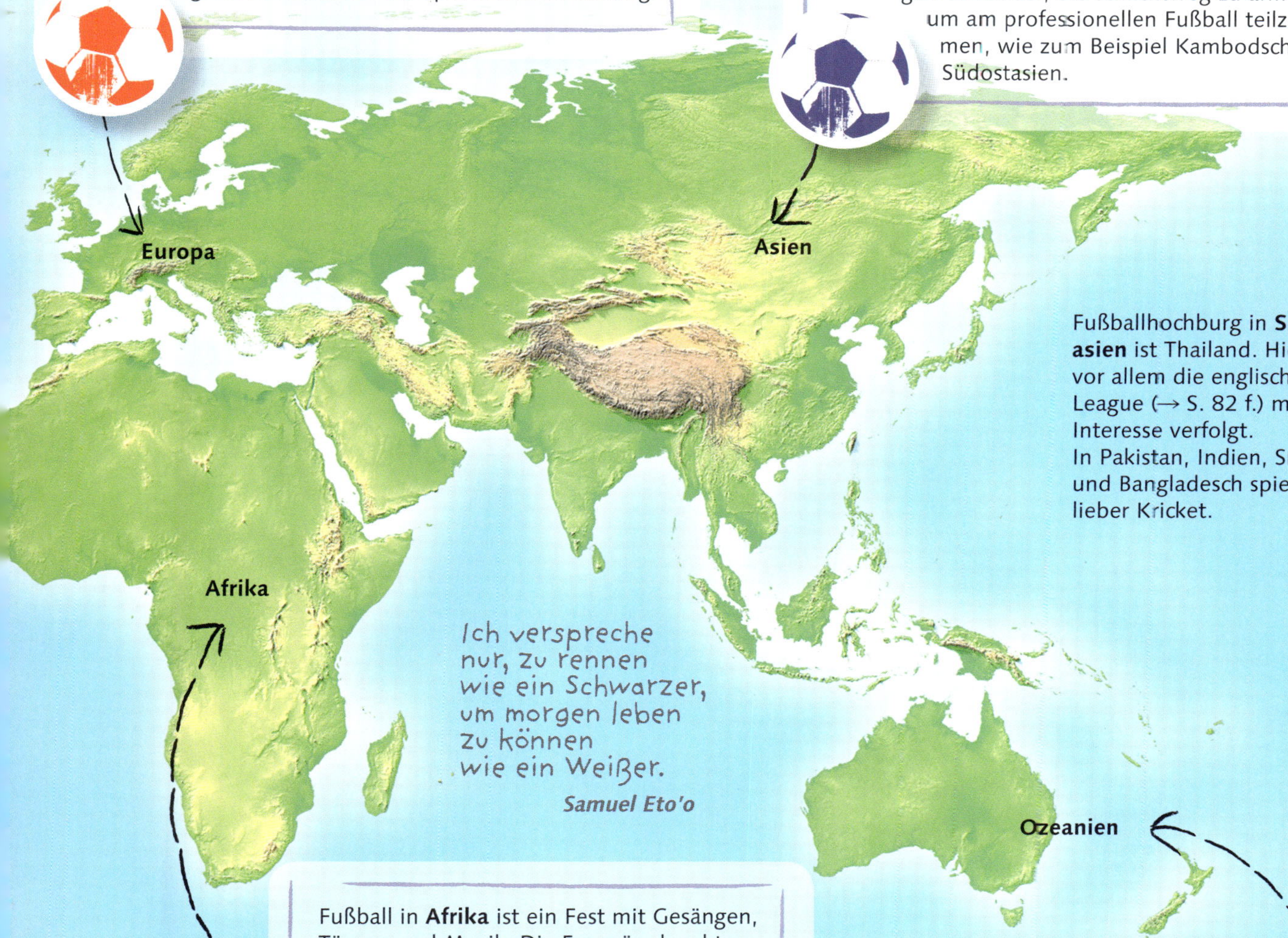

Fußballhochburg in **Südostasien** ist Thailand. Hier wird vor allem die englische Premier League (→ S. 82 f.) mit großem Interesse verfolgt.
In Pakistan, Indien, Sri Lanka und Bangladesch spielt man lieber Kricket.

Ich verspreche
nur, zu rennen
wie ein Schwarzer,
um morgen leben
zu können
wie ein Weißer.

Samuel Eto'o

Fußball in **Afrika** ist ein Fest mit Gesängen, Tänzen und Musik. Die Europäer brachten das Fußballspiel als Kolonialmächte auf den Kontinent. Viele junge Kicker träumen heute von einer Karriere in Europa, um der Armut in Afrika zu entkommen. Diejenigen, die es schaffen – wie Samuel Eto'o und Didier Drogba –, helfen mit ihren Einkünften ihren Familien zu Hause.

Als britische Einwanderer das Fußballspiel in Australien und Neuseeland einführten, wurden dort bereits Kricket und Rugby gespielt. Noch immer bevorzugen die Menschen in **Ozeanien** diese Sportarten.
In Australien findet der Fußballsport in diesem Teil der Welt die meisten Anhänger. 2006 wechselten die Australier zum asiatischen Verband, wo sie sich mit stärkeren Mannschaften messen müssen als zuvor in Ozeanien.

Bei der WM 2010 in **Südafrika** übertönten die trompetenartigen Vuvuzelas fast die Stadionsprecher und TV-Kommentatoren. Es war die erste Fußball-WM auf dem Kontinent. Während der Apartheid in Südafrika, der Unterdrückung und Ausbeutung der schwarzen Bevölkerung durch die weiße Minderheit, wurde Fußball zum Sport der Schwarzen.

Fußballplätze

Zum Fußballspielen braucht man nicht viel: ein paar Kicker, einen rollenden Gegenstand, etwas Platz und eine Markierung für die Tore. Gerade in ärmeren Gegenden der Welt ist Straßenfußball darum sehr beliebt. Natürlich macht es einen gewaltigen Unterschied, ob man auf einem staubigen Bolzplatz oder im hoch technisierten Stadion mit verschließbarem Dach und Rasenheizung spielt. Aber die Grundidee des Spiels ist überall dieselbe.

Fußballfans gibt es überall, auch in den ärmsten Gegenden der Welt. Diesen Jungs in Johannesburgs Township Soweto genügen mit Pfählen markierte Tore, ein Ball und jede Menge Freude am Fußballspielen.

Das Spielfeld

Für offizielle Fußballspiele gibt es festgelegte Regeln, die beim Spielfeld und seinen Markierungen beginnen. Gespielt wird auf einem rechteckigen Feld, üblicherweise auf Rasen, seltener auf Kunstrasen. Im Amateurbereich rollt der Ball auch mal auf einem Hart- oder Ascheplatz. Das Feld wird in der Regel durch weiße Linien markiert.

1 Anstoßkreis und Anstoßpunkt
Hier beginnt das Fußballspiel (→ S. 26). Auch nach einem gültigen Tor, zu Beginn der zweiten Halbzeit und zu Beginn der Halbzeiten von Verlängerungen wird der Ball vom Anstoßpunkt wieder ins Spiel gebracht.

2 Mittellinie
Die Mittellinie teilt das Feld in zwei Hälften. Nach der Halbzeitpause wechseln die Mannschaften die Seiten.

3 Seitenlinien
Die Seitenlinien begrenzen die Längsseiten des Spielfelds. Wird der Ball über eine Seitenlinie vom Feld gekickt, gibt es Einwurf (→ S. 30).

4 Torlinien
Die Tore stehen mittig auf den Torlinien. Fliegt der Ball über oder neben dem Tor über die Torlinie vom Platz, kommt es darauf an, welche Mannschaft ihn zuletzt berührt hat. Danach entscheidet der Schiedsrichter auf Abstoß oder Eckstoß (→ S. 31).

Mit 200 000 Zuschauerplätzen war das Maracanã-Stadion in Rio de Janeiro früher das größte der Welt. Gebaut wurde es für die Fußball-WM 1950. Später musste die Kapazität aus Sicherheitsgründen immer weiter verringert werden.
Auch 2014 wird das WM-Finale im Maracanã-Stadion stattfinden. Nach einem Umbau sollen rund 77 000 Zuschauer darin Platz finden. Damit ist es immer noch das größte Brasiliens. Als größtes Fußballstadion der Welt gilt das Stadion des 1. Mai in Pjöngjang, Nordkorea, mit 150 000 Zuschauerplätzen.

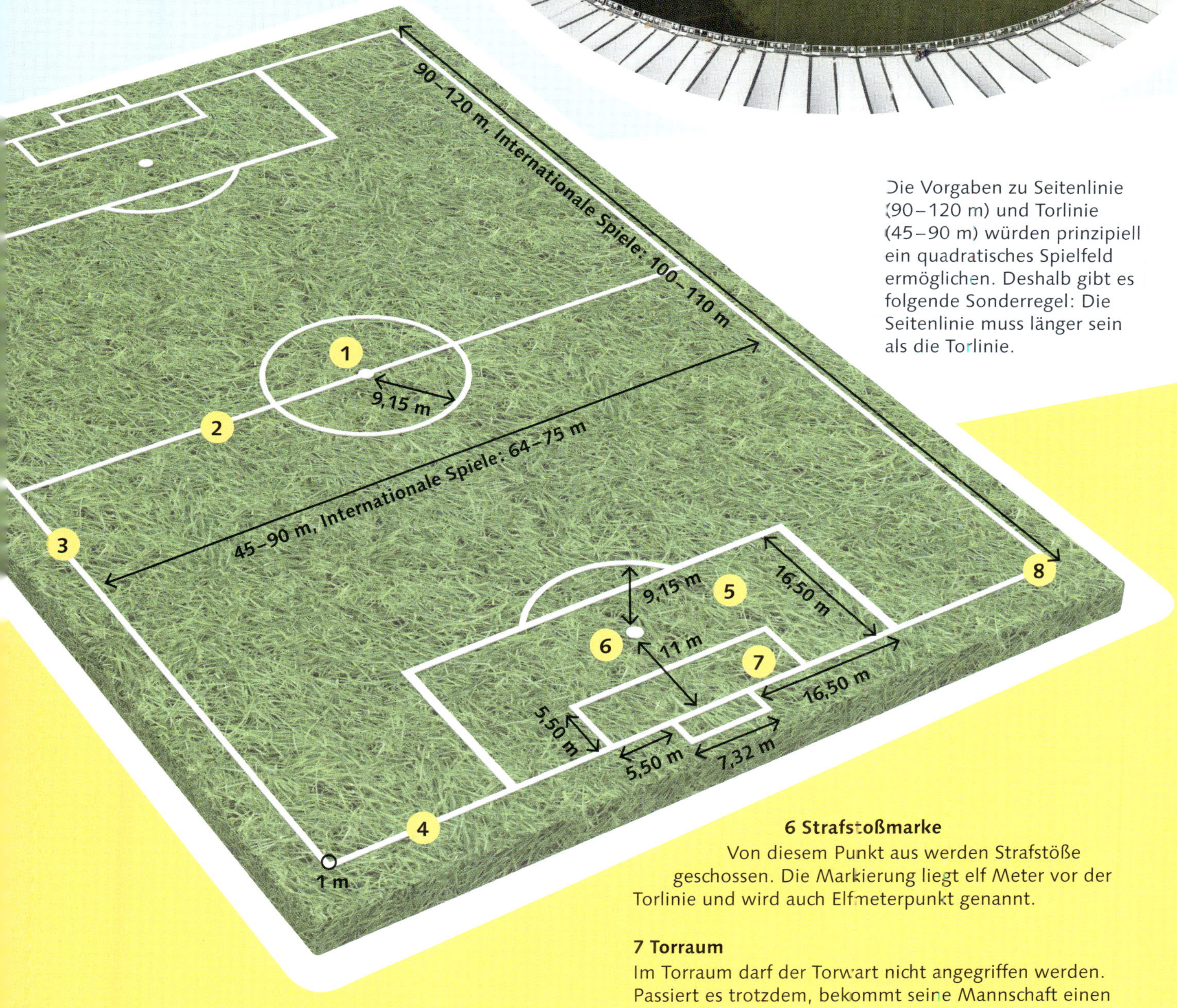

Die Vorgaben zu Seitenlinie (90–120 m) und Torlinie (45–90 m) würden prinzipiell ein quadratisches Spielfeld ermöglichen. Deshalb gibt es folgende Sonderregel: Die Seitenlinie muss länger sein als die Torlinie.

5 Strafraum
Der Torwart darf den Ball im Strafraum als Einziger mit den Händen spielen. Wird ein angreifender Spieler im Strafraum gefoult, erhält seine Mannschaft einen Strafstoß (→ S. 32 f.).

6 Strafstoßmarke
Von diesem Punkt aus werden Strafstöße geschossen. Die Markierung liegt elf Meter vor der Torlinie und wird auch Elfmeterpunkt genannt.

7 Torraum
Im Torraum darf der Torwart nicht angegriffen werden. Passiert es trotzdem, bekommt seine Mannschaft einen Freistoß (→ S. 32 f.)

8 Eckraum
In jeder Ecke muss eine Eckfahne stehen. Beim Eckstoß (→ S. 31) wird der Ball aus dem Eck-Viertelkreis geschossen.

Team und Ausrüstung

Bei einem Fußballspiel treffen zwei Mannschaften aufeinander. Damit beide die gleichen Bedingungen haben und einander nicht gefährden, gibt es für die Spieler und ihre Outfits genaue Vorschriften.

Schmuck
Schmuckstücke jeder Art, auch Leder- oder Gummibänder, sind auf dem Platz verboten, weil sie die Verletzungsgefahr steigern würden.

Kapitänsbinde
Jede Mannschaft hat einen Spielführer (Kapitän). Er ist Ansprechpartner für den Schiedsrichter und trägt eine Armbinde am Oberarm als Kennzeichen.

Optimal ausgerüstet: Bastian Schweinsteiger mit Kapitänsbinde im Trikot seiner Mannschaft FC Bayern München bei einem Spiel im März 2013.

Hose
Als Hosen werden Shorts getragen. Im Winter sind Unterziehhosen in gleicher Farbe erlaubt.

Schuhe
Die Sohlen der Fußballschuhe haben Stollen, Nocken oder Noppen für einen besseren Halt im Boden. Stollen können ausgetauscht und an die Platzverhältnisse angepasst werden.

Schienbeinschützer/Stutzen
Unter den Stutzen tragen die Spieler Schienbeinschützer aus Kunststoff zum Schutz vor Verletzungen.

Torhüter haben eine Art Sonderstellung im Team. Sie sind anders gekleidet als die übrige Mannschaft und dürfen als einzige Spieler den Ball mit der Hand berühren.

Spielerzahl

Wenn jede Mannschaft mindestens sieben Spieler hat, kann das Spiel – laut den offiziellen Regeln – beginnen. Üblicherweise stehen beim Anpfiff pro Team elf Spieler auf dem Platz, von denen je einer der Torwart ist. Mehr als elf dürfen es nicht sein.

Der Mann mit dem Helm

Petr Çech, Torhüter des FC Chelsea und der tschechischen Nationalmannschaft, trägt bei allen Spielen einen Kopfschutz. Grund dafür ist, dass ihn 2006 das Knie eines Gegners am Kopf traf. Dabei erlitt Petr Çech einen Schädelbruch. Der Helm soll den Welttorhüter von 2005 vor weiteren Verletzungen schützen.

Trikot-Oberteil
Vorgeschrieben ist ein Hemd mit Ärmeln. Die Trikotfarben beider Teams müssen sich klar voneinander abheben. Profis haben darum andersfarbige Auswärtstrikots, die zum Einsatz kommen, wenn das Gastgeberteam die gleichen oder ähnliche Farben trägt.

Torwart

Das Trikot des Torwarts unterscheidet sich farblich deutlich von dem der anderen Spieler. Die Torwarthandschuhe sind gepolstert und in den Handinnenflächen besonders griffig, damit der Ball nicht so leicht abrutscht. Torhüter dürfen lange Trainingshosen tragen.

Haben die Trikots der beiden Torhüter die gleiche Farbe und kann keiner von ihnen wechseln, wird trotzdem angepfiffen.

Der **Fußball** aus Leder oder Kunststoff darf einen Umfang von 68–70 cm haben. Bei Spielbeginn soll er 410–450 g wiegen. Sogar sein Luftdruck ist durch die Fußballregeln genau vorgegeben.

Auswechselbank

Vor Spielbeginn werden dem Schiedsrichter alle Spielernamen, auch die der Auswechselspieler, mitgeteilt. Ein Auswechselspieler wartet die Erlaubnis des Schiedsrichters ab, bevor er das Spielfeld während einer Spielunterbrechung an der Mittellinie betritt. Zuvor muss der Spieler, den er ersetzt, den Platz verlassen haben. Wurde ein Spieler ausgewechselt, darf er nicht wieder zurück ins Spiel.

Schiedsrichter

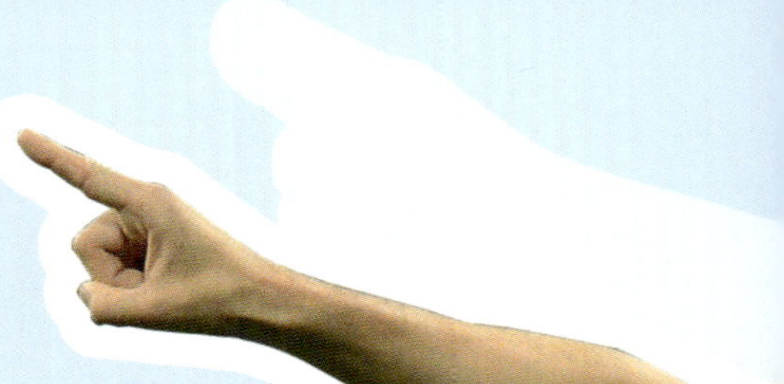

Der Schiedsrichter leitet das Spiel und achtet darauf, dass die Regeln eingehalten werden. Dabei muss er nicht nur den Spielverlauf im Auge behalten, sondern auch alles, was sonst noch auf dem Platz passiert. Nur der Schiedsrichter selbst kann seine getroffene Entscheidung wieder ändern und das nur, solange er das Spiel nicht fortgesetzt oder abgepfiffen hat.

Vor Spielbeginn

Der Schiedsrichter und sein Team prüfen vor Spielbeginn, ob das Spielfeld den Fußballregeln entspricht. Den Ball und alle Ersatzbälle sowie die Ausrüstung der Spieler kontrollieren sie ebenfalls.

Torlinientechnologie

War der Ball drin oder nicht? Manchmal ist das mit bloßem Auge schwer zu erkennen und lässt sich selbst anhand der Fernsehbilder nicht immer eindeutig feststellen. Torlinientechnologie kann da helfen: Eine Möglichkeit ist ein Chip im Ball. Der Schiedsrichter erhält per Funk die Information, ob ein Tor gefallen ist, aufs Display seiner Uhr. Eine andere Variante sind mehrere Hochgeschwindigkeitskameras, die den Torbereich überwachen. Aus den Aufnahmen berechnet ein Computer die genaue Ballposition. Diese Technologie soll bei der WM 2014 in Brasilien eingesetzt werden.

Schiedsrichterin Bibiana Steinhaus ist die erste Frau, die Profi-Fußballspiele der Männer pfeift. Sie ist von Beruf Polizistin.

Schiedsrichter kommt für mich nicht in Frage. Schon eher etwas, das mit Fußball zu tun hat.
Lothar Matthäus

Der Schiedsrichter stoppt die Spielzeit und macht sich Notizen zum Spielverlauf. Er entscheidet über die Länge der Nachspielzeit (→ S. 26).

Mit der Pfeife gibt der Schiedsrichter das Signal für Anstoß, Spielunterbrechungen, Fortsetzung des Spiels und den Ablauf der Spielzeit. Bei einem Tor, Abstoß, Eckstoß oder Einwurf ist kein Pfiff notwendig.

Mit der Gelben Karte verwarnt der Schiedsrichter einen Spieler, mit der Roten verweist er ihn vom Platz (→ S. 34 f.).

Der Unparteiische Tobias Stieler bei einem Spiel der 2. Bundesliga im Oktober 2012. 2013 wurde Stieler als Schiedsrichter für die FIFA-Liste 2014 gemeldet.

Schiedsrichterassistenten

Einer allein kann nicht alles sehen, darum hat der Schiedsrichter in höheren Spielklassen zwei Assistenten. Sie bewegen sich entlang der Seitenlinien und achten besonders darauf, ob der Ball das Feld verlässt und ob ein Spieler im Abseits ist (→ S. 28 f.). Auch auf Fouls dürfen die Assistenten hinweisen. Der Schiedsrichter kann sich mit ihnen besprechen, wenn er in einer Entscheidung nicht ganz sicher ist.

Der Schiedsrichterassistent zeigt mit einer Fahne an, welche Mannschaft Einwurf hat. Auch bei einer Auswechslung, für Abstoß, Eckstoß, Fouls und Abseits gibt es festgelegte Fahnenzeichen.

Der Vierte Offizielle

Je nach Wettbewerb unterstützt der „Vierte Offizielle" den Schiedsrichter zusätzlich zu den beiden Assistenten. Er betreut unter anderem die Auswechslungen und zeigt die Nummern der Spieler, die wechseln. Vor einer Einwechslung kontrolliert er die Ausrüstung des Spielers und sieht sich zum Beispiel die Stollen an den Schuhsohlen an. Sie dürfen andere Mitspieler nicht gefährden.

An der Torlinie

Bei großen Wettbewerben der UEFA (→ S. 90) werden zwei weitere Schiedsrichterassistenten an den beiden Torlinien eingesetzt. Sie behalten besonders den Strafraum im Auge.

Am Spielfeldrand

Zu einem Fußballspiel gehören nicht nur die Beteiligten auf dem Rasen, sondern auch die vielen Menschen auf der anderen Seite der Spielfeldlinien: die Vereinsverantwortlichen, Stadionmitarbeiter, Ticketverkäufer, Sicherheitskräfte, Fitnesstrainer, Ärzte und viele andere. Und natürlich die Fans. Für sie ist die Liebe zum Fußball und zu ihrem Klub ein fester Bestandteil des Lebens.

Fans

Nicht umsonst gelten die Fans als der „12. Mann“: Fußballfans können ihre Mannschaft mit Gesängen und Anfeuerungen so anspornen, dass sich ein schon verloren geglaubtes Spiel noch dreht. Ihr Ansprechpartner beim Verein ist der Fanbeauftragte.

Manager

Der Manager, in manchen Vereinen auch der Sportdirektor, ist verantwortlich für die sportliche Ausrichtung des Vereins. Zusammen mit der Vereinsspitze bestimmt er, welche Ziele der Klub erreichen soll. Er kümmert sich um Sponsoren (→ S. 21), verhandelt Ablösesummen und Spielergehälter. Beim Spiel sitzt er meist mit auf der Bank.

Herz und Seele jedes Klubs: treue Fans, die ihr Team in guten und in schlechten Zeiten unterstützen.

Die Technische Zone

Hinter der Seitenlinie befindet sich die Technische Zone (auch: Coaching Zone) mit einer Bank für Betreuer und Auswechselspieler. In großen Stadien ist der Bereich mit Begrenzungslinien markiert. Der Trainer darf seiner Mannschaft von der Technischen Zone aus Anweisungen geben, er darf sie aber nur in Ausnahmefällen verlassen. Wenn ein Trainer sich nicht daran hält oder ständig motzt und sich zum Beispiel mit dem Vierten Offiziellen anlegt, kann der ihn auf die Tribüne schicken.

Präsident

Ein großer Fußballverein ist wie eine Firma: Er muss Geld verdienen und es gewinnbringend anlegen – zum Beispiel, indem er es für den Nachwuchs und Spielereinkäufe ausgibt. Der Präsident ist der Chef, bei dem alle Fäden zusammenlaufen. Er trägt die wirtschaftliche Verantwortung für den Verein. Während des Spiels sitzt er in der Regel auf der Haupttribüne.

Je nach Wettbewerb wird festgelegt, wie viele Personen sich in der Technischen Zone aufhalten dürfen.

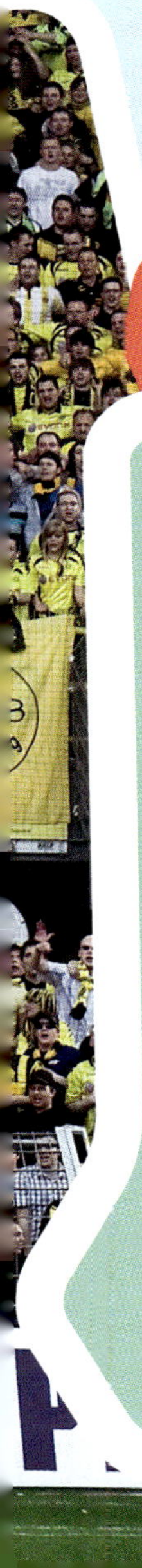

You'll never walk alone

Der Musical-Song „You'll never walk alone" eroberte die Fußballstadien: Die Liverpooler Fans machten ihn in den 1960er-Jahren zu ihrer Hymne und singen das Lied lautstark bei Spielen ihres Klubs. Bald erreichte der Song auch andere Vereine. In Deutschland wird er zum Beispiel von den FC St. Pauli-Fans regelmäßig angestimmt. Fußballbegeisterte Musiker wie „Die Toten Hosen", Bela B., „The BossHoss" und andere haben Coverversionen aufgenommen. „You'll never walk alone" gilt mittlerweile als Fußballhymne schlechthin.

Mannschaftsarzt

Der Mannschaftsarzt kümmert sich um die Gesundheit der Spieler. Das ist wichtig, denn ernsthafte Verletzungen können eine Spielerkarriere vorzeitig beenden. Ein während des Spiels verletzter Spieler muss zunächst vom Spielfeld gebracht werden. Danach kann er am Spielfeldrand behandelt werden. Bevor der Spieler zurück auf den Platz darf, prüft der Vierte Offizielle, ob es ihm wieder gut geht.

Trainer und Trainerassistent

Der Trainer (→ S. 38 ff.) weiß, was seine Spieler können, und stellt die Mannschaft entsprechend auf. Er gibt die Taktik vor und bestimmt während des Spiels die Auswechslungen. Sein Assistent unterstützt ihn bei der Spielvorbereitung, beim Training und auch während des Spiels. Trainern wird schnell die Schuld gegeben, wenn eine Mannschaft schlecht abschneidet. Hält das Leistungstief eines Teams an, wird häufig der Trainer entlassen. Manchmal übernimmt dann der Assistent seine Aufgaben, bis ein neuer Cheftrainer gefunden ist.

Geld und Geschäft

Bei aller Freude am Spiel ist Fußball auch ein Riesengeschäft. Eintrittsgelder und von den Klubs organisierte Fanreisen spielen dabei ebenso eine Rolle wie der Verkauf von Fanartikeln, das sogenannte Merchandising. Auch Werbeverträge, Fernsehübertragungen und Spielerverkäufe können den Vereinen hohe Einnahmen bescheren.

Spielertransfer

Warum gewinnen manche Mannschaften öfter als andere? Weil sie die besseren Spieler haben. Die bekommen sie entweder durch eine gute Nachwuchsförderung (→ S. 52 ff.) oder von einem anderen Verein. Spielertransfer nennt man das – und es ist ein Geschäft, das in jeder Saison nur in bestimmten Zeiträumen stattfinden darf. Je nach Vertrag des Spielers zahlt der neue Verein eine hohe Ablösesumme, damit der Spieler zu ihm wechseln kann. Doch die Ausgaben lohnen sich in vielen Fällen nicht nur auf dem Fußballplatz: Fanartikel, wie das Trikot mit dem Namen des Stars, und allerhand Werbung, die der Klub mit dem neuen Spieler macht, können das Geld schnell zurück in die Vereinskasse spülen.

Vom Schal bis zur Bettwäsche – alles in den Farben des Vereins: Große Summen verdienen Klubs mit Fanartikeln.

Milliardärsvereine

Mancher reiche Unternehmer erfüllt sich einen Traum, mancher möchte seine Fußballbegeisterung mit der Möglichkeit verbinden, noch reicher zu werden: Milliardäre kaufen Klubs und stocken die Mannschaften mit erstklassigen Spielern auf. Sie wollen ihren Verein schnell an die Spitze bringen. Denn je angesehener ein Wettbewerb ist, umso höher sind die Prämien, die für jede Runde Weiterkommen gezahlt werden. Richtig viel zu verdienen gibt es in der Champions League (→ S. 88 ff.). Für einen Klub, der vor der Pleite steht, kann ein solcher Geldgeber die Rettung bedeuten. Aber er übt oft auch einen gehörigen Druck aus, wenn es ihm zu lange dauert, bis der Erfolg eintritt.

Geld schießt keine Tore.

Otto Rehhagel

2009 prangte das UNICEF-Logo noch auf der Brust von Lionel Messi und Thierry Henry. Seit der Saison 2011/2012 ziert es die Rücken der Barcelona-Spieler.

Klub als Sponsor

Der FC Barcelona drehte das Prinzip des Sponsorings um: Nicht der Verein kassierte, sondern man stellte die Werbefläche auf dem Trikot für einen guten Zweck kostenlos zur Verfügung. Bis 2011 trug die Mannschaft das Logo des Kinderhilfswerks UNICEF auf der Brust, seitdem steht der Schriftzug unter der Spielernummer auf dem Rücken. Der FC Barcelona verzichtete damit jährlich auf Werbeeinnahmen in Millionenhöhe und unterstützt die Hilfsorganisation außerdem mit Spenden.

Werbung und TV-Rechte

Sponsoring ist eine große Einnahmequelle für Fußballvereine: Unternehmen zahlen dem Verein Geld und dürfen dafür Werbung machen – zum Beispiel auf den Trikots der Spieler. Inzwischen sind viele große Stadien nach dem Sponsor benannt. Firmennamen liest man auch auf den Stadionbanden rund ums Spielfeld und auf den Hintergrundwänden für Fernsehinterviews. Für die Rechte, ein Spiel im Fernsehen zeigen zu dürfen, zahlen die TV-Sender ebenfalls viel Geld.

Cristiano Ronaldo steht den Medien bei einer Pressekonferenz im Jahr 2009 Rede und Antwort.

Für rund **94 000 000** Euro wechselte Cristiano Ronaldo 2009 von Manchester United zu Real Madrid. Die höchste Ablösesumme, die bis dahin für einen Spielertransfer bezahlt wurde!

Fußball-Live-Übertragung

Die Medien sind ein wichtiger Bestandteil der Fußballwelt. Zeitungsreporter schreiben über das Spiel, Radiokommentatoren und Onlinereporter berichten, Fotografen am Platzrand hoffen, den richtigen Moment zu erwischen. Damit die Bilder von einem Fußballspiel im Fernsehen oder Internet live zu sehen sind, ist ein hoher technischer Aufwand notwendig. Und viele Menschen sind daran beteiligt.

Fußball-TV-Experte Mehmet Scholl und Moderator Matthias Opdenhövel bei der Analyse eines Spiels.

Moderator und Experte

Der Moderator gibt vor dem Spiel Hintergrundinformationen zu der Begegnung. In der Halbzeitpause und nach Abpfiff analysiert er den Spielverlauf. Dazu ist er meist vor Ort im Stadion, an der Seitenlinie oder in einem extra dafür eingerichteten Studio. Oft unterstützt ihn ein Experte, zum Beispiel ein ehemaliger Fußballspieler. Nach dem Spiel befragen sie gemeinsam die Trainer und wichtige Spieler, wie sie das Match erlebt haben.

Kommentator

Der Kommentator hat seinen Arbeitsplatz auf der Haupt- oder Pressetribüne. Seine Stimme ist während des Spiels zu hören: Er schildert den Spielverlauf, liefert Hintergrundinformationen und nimmt Stellung zum Spielgeschehen. Weil er den gesamten Platz überblicken kann, sieht er, wenn der Trainer tobt, weil er sich ärgert, oder ein Spieler sich abseits des Spielfelds aufwärmt. Der Kommentator kann dann darauf hinweisen, dass möglicherweise bald eine Auswechslung stattfinden wird. Ein guter Kommentator macht das Spiel mit seiner Reportage noch spannender.

Störung

Beim EM-Halbfinale 2008, Deutschland – Türkei, fielen wegen eines heftigen Gewitters plötzlich Bild und Ton aus! Die Fans vor den Fernsehern und beim Public Viewing fürchteten, entscheidende Aktionen ihrer Mannschaft zu verpassen. Nach ein paar Minuten war zumindest die Stimme von Kommentator Béla Réthy wieder zu hören. Aber das Live-Bild fehlte nach wie vor. Wie ein Radioreporter hielt der TV-Kommentator die Menschen vor den Bildschirmen und Leinwänden auf dem Laufenden. Nach etwa sechs Minuten konnte die Übertragung schließlich fortgesetzt werden.

Im Ü-Wagen

Das Ü steht für „Übertragung". Im Übertragungswagen kommen Bild- und Tonsignale von allen Kameras und Mikrofonen an. Der Technische Leiter kontrolliert sie und sorgt dafür, dass alles funktioniert. Ein Tontechniker achtet darauf, dass alle, die in ein Mikrofon sprechen, gut zu verstehen sind. Während des Spiels mischt er die Stimme des Kommentators zu den Stadiongeräuschen.

Jede Kamera am Spielfeld hat im Ü-Wagen einen eigenen Bildschirm. Bei der großen Anzahl der Kameras ergibt das eine ganze Monitorwand, vor der ein Regisseur sitzt. Er fügt die Bilder zusammen zum „Film", den wir in unseren Fernsehgeräten sehen. Manchmal wird er unterstützt von einem Redakteur, der auf Anfangs- und Schlusszeiten der Übertragung achtet und mit dem Kommentator in Verbindung ist.

Im Ü-Wagen werden alle Signale zusammengefügt. Eine sehr wichtige Funktion haben hier auch die Slomo-Operators. Sie überwachen die Aufzeichnung der Zeitlupen und spielen sie auf Ansage des Regisseurs ab, zum Beispiel bei einer umstrittenen Schiedsrichterentscheidung oder wenn ein Tor gefallen ist.

Aufnahmeleitung und Field-Reporter

Aufnahmeleiter sorgen dafür, dass alle Mitarbeiter zur richtigen Zeit auf ihren Plätzen sind. Über Kopfhörer und Mikrofon stimmen sie sich mit Regie und Technik ab. Nach dem Spiel gehen sie zu den Spielern oder deren Medienbeauftragten und bitten um ein Interview.
Das Gespräch mit den Kickern führt dann ein sogenannter Field-Reporter am Spielfeldrand. Er muss hart im Nehmen sein, denn die Verlierer lassen ihrem Frust oft freien Lauf!

Kameraleute

Manchmal sind über dreißig Kameras bei einer TV-Live-Übertragung um das Spielfeld herum aufgebaut und mit Kameraleuten besetzt. Jeder von ihnen trägt einen Kopfhörer mit Mikrofon. Darüber kann er mit der Regie sprechen. Der Regisseur sagt den Kameraleuten, welches Bild er sehen möchte. Er muss dabei vorausahnen, wie das Spiel sich entwickeln kann, damit den Fernsehzuschauern kein Tor entgeht.

Kameraplan

Alle Fernsehkameras bei einem Fußballspiel haben bestimmte Positionen, die vom Regisseur festgelegt werden. Der Kameraplan gibt darüber Auskunft. Die sogenannte Führungskamera zeigt immer den Spielverlauf in einer totalen Einstellung, sodass alles Wichtige zu sehen ist. Superslomos und Highspeed-Kameras werden zum Beispiel für Zeitlupen verwendet. Bei großen Spielen kommt manchmal auch eine Kamera zum Einsatz, die an Seilen über das ganze Spielfeld fliegen kann.

K 1 Führungskamera (erhöhte Position, genau auf Höhe der Mittellinie)
K 2 sogenannte nahe Führungskamera (neben K1)
K 3 16 Meter flach links (z. B. Stativkamera, Steadycam, Schienenkamera …)
K 4 Kamera auf Höhe der Mittellinie, zumeist Superslomo
K 5 16 Meter flach rechts (siehe K3)
K 6 16 Meter hoch links (z. B. um Abseits analysieren zu können)
K 7 16 Meter hoch rechts (siehe K6)
K 8 Hintertor hoch links
K 9 Hintertor hoch rechts
K 10 Hintertor flach links (z. B. Handkamera, Krankamera, Superslomo, Highspeed-Kamera …)
K 11 Hintertor flach rechts (siehe K 10)
K 12 Chip-Kamera im Tor links
K 13 Chip-Kamera im Tor rechts
K 14 Gegenseite, z. B. Beobachtung Trainer oder VIP-Tribüne
K 15 Gegenseite, z. B. Superslomo

Kameraplan, zum Beispiel für ein Spiel der Champions League

Die Regeln

Anpfiff bis Abpfiff

Alles beginnt mit dem Anpfiff und endet mit dem Abpfiff: Ein Fußballspiel dauert 90 Minuten, gespielt wird in zwei Halbzeiten zu je 45 Minuten. Wenn eine Mannschaft einen wackligen Vorsprung halten muss, scheint die Zeit manchmal endlos. Dagegen wird ein Team, das im Rückstand ist, sich über jede verbleibende Minute freuen.

Beginn
Das Spiel startet am Anstoßpunkt. Der Schiedsrichter wirft eine Münze, die darüber entscheidet, welches Team sein Tor für die erste Halbzeit wählt. Die andere Mannschaft hat Anstoß. Dazu müssen alle Spieler in ihre eigene Spielfeldhälfte, das gegnerische Team steht außerhalb des Mittelkreises. Der Anstoß muss nach vorne gespielt werden und kann direkt ins Tor gehen! Derjenige, der ihn ausführt, darf den Ball erst nach einem anderen Spieler wieder berühren.
Die zweite Halbzeit beginnt mit dem Anstoß der Mannschaft, die in der ersten die Seiten gewählt hat. Auch nach einem Tor gibt es Anstoß, und zwar für das Team, das den Treffer kassiert hat.

Halbzeitpause
Die Halbzeitpause dauert – je nach Wettbewerbsbestimmungen – bis zu fünfzehn Minuten: Zeit für die Spieler zum Verschnaufen und für den Trainer, um seine Mannschaft anzustacheln, sie zu beruhigen und mit ihr taktische Änderungen durchzusprechen.

Nachspielzeit
Am Ende jeder Halbzeit kann der Schiedsrichter einige Minuten nachspielen lassen. Gründe dafür sind zum Beispiel Zeitverlust durch Auswechslungen, Verzögerungen durch Verletzungen oder absichtliches Trödeln von Spielern, um möglicherweise ein Ergebnis zu sichern. Manche Spiele werden erst in der Nachspielzeit entschieden!

Der Ball ist rund und das Spiel dauert 90 Minuten.
Sepp Herberger

Verlängerung
Bei einigen Wettbewerben gibt es Spiele, aus denen ein klarer Sieger hervorgehen muss. Ist das am Ende der Nachspielzeit nicht der Fall, gibt es Verlängerung. Die Mannschaften bleiben auf dem Spielfeld und kicken noch zweimal 15 Minuten. Ist dann immer noch kein Sieger ermittelt, kommt es zum Elfmeterschießen.

Auswärtstorregel
Es gibt Wettbewerbe, bei denen die auswärts geschossenen Tore doppelt zählen, wenn es nach Hin- und Rückspiel unentschieden steht. Das ist zum Beispiel in der UEFA Champions League (→ S. 88 ff.) der Fall.

Vor dem Anstoß muss der Ball auf dem Anstoßpunkt liegen, ohne bewegt zu werden.

Schlusspfiff
Jede Halbzeit endet mit dem Abpfiff des Schiedsrichters.

Rekordverdächtig:
28 Minuten ließ der Schiedsrichter 2007 in einem Bezirksligaspiel zwischen Dostlukspor Bottrop und Blau-Weiß Wesel nachspielen – 13 Minuten in der ersten Halbzeit und 15 Minuten in der zweiten!

Elfmeterschießen

Zunächst treten fünf Spieler aus jedem Team zum Elfmeterschießen an. Sie müssen am Ende der Verlängerung bereits auf dem Platz gewesen sein. Der Schiedsrichter legt das Tor fest, auf das geschossen wird, und wirft eine Münze. Der Gewinner des Münzwurfs, einer der beiden Kapitäne, entscheidet, welche Mannschaft beginnt. Beide Teams schießen abwechselnd.

Der Torwart, der nicht an der Reihe ist, wartet an der Stelle, an der die Strafraumlinie an die Torlinie stößt. Alle anderen Spieler müssen in den Mittelkreis. Wenn es nach den fünf Elfmetern pro Mannschaft noch unentschieden steht, wird das Elfmeterschießen fortgesetzt. Es gewinnt dann das Team, das bei gleicher Schussanzahl zuerst ein Tor mehr erzielt.

Elfmeterkrimi im Champions-League-Finale 2012: Die Bayern mussten sich dem FC Chelsea schließlich mit 3 : 4 i. E. geschlagen geben.

Tor und Abseits

Wer in einem Spiel mehr Tore erzielt, gewinnt beim Fußball. Aber ob ein Tor tatsächlich zählt, darüber wird manchmal heftig gestritten. Der Ball muss mit seinem gesamten Durchmesser zwischen den Pfosten hinter der Torlinie sein. Und dann gibt es auch noch die knifflige Abseitsregel.

Abseitsstellung

Befindet sich ein Angreifer in der Hälfte des gegnerischen Teams näher an der Torlinie als der Ball und der vorletzte Gegenspieler, dann ist er im Abseits – so die offizielle Fußballregel. Der letzte Gegenspieler ist in der Regel der Torwart. Entscheidend für die Abseitsstellung ist der Moment der Ballabgabe durch einen Mitspieler. Im Abseits zu sein ist nicht verboten, solange der Spieler passiv bleibt.

Wembley-Tor

WM-Finale 1966, England gegen Deutschland: Nach Ablauf der regulären Spielzeit stand es 2 : 2 im Londoner Wembley Stadium. Das Spiel ging in die Verlängerung. In der 101. Minute passierte es – der Engländer Geoff Hurst schoss den Ball unter die Latte des deutschen Tors, von dort prallte er ab auf den Boden. Die Engländer jubelten, der Schiedsrichter gab den Treffer. Aber war der Ball wirklich komplett hinter der Torlinie? Jahrelang wurde darüber gestritten. Mittlerweile gilt als erwiesen, dass es kein Tor war. Das Spiel endete 4 : 2 für England und Deutschland verpasste den Weltmeistertitel.

Im Abseits

Im Moment der Ballabgabe ist zwischen Angreifer und Torwart kein Verteidiger mehr: Der Angreifer ist im Abseits. Sein Tor zählt nicht.

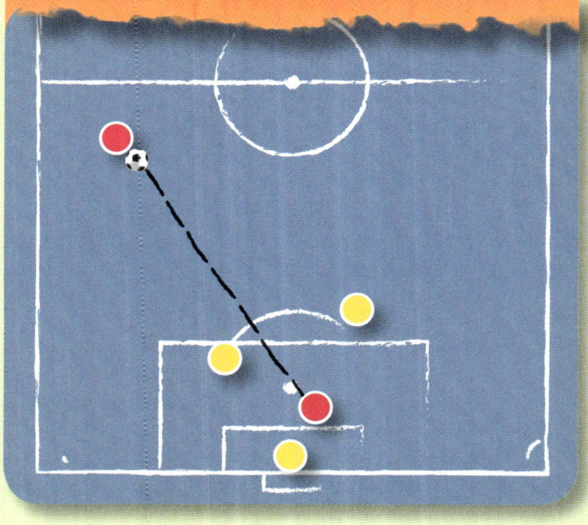

Passives Abseits

Der Spieler im Abseits greift nicht ins Spielgeschehen ein und behindert die Gegner nicht, indem er zum Beispiel dem Torwart die Sicht versperrt, sich Verteidigern in den Weg stellt oder sie ablenkt. Sein Mitspieler, der nicht im Abseits ist, kann einen gültigen Treffer erzielen.

Abseits ist, wenn der Schiedsrichter pfeift.

Franz Beckenbauer

Rückpass

Der ballführende Spieler ist der letzte Angreifer vor dem Tor. Er spielt den Ball zu einem Mitspieler zurück: kein Abseits.

Gleiche Höhe

Der angreifende Spieler befindet sich im Moment der Ballabgabe auf gleicher Höhe mit dem letzten Verteidiger vor dem Torwart. Er ist nicht im Abseits.

Einwurf, Abstoß, Ecke

Kommt der Angreifer sofort nach einem Einwurf, Abstoß oder Eckstoß (→ S. 30 f.) an den Ball, gilt das nicht als Abseits.

Der Schiedsrichter-assistent hebt in einer Abseitssituation die Fahne.

Abseitsfalle

Verteidiger können einen gegnerischen Angriff dadurch stoppen, dass sie den vordersten Angreifer bewusst ins Abseits stellen. Kurz bevor ein Mitspieler diesem Stürmer den Ball zuspielen kann, rücken die Verteidiger Richtung Spielfeldmitte. Der Angreifer ist dadurch im Moment der Ballabgabe näher an der Torlinie als der letzte Verteidiger, er ist im Abseits. Wenn er nun ins Spiel eingreift, bekommt die verteidigende Mannschaft einen indirekten Freistoß (→ S. 32 f.) zugesprochen. Die Abseitsfalle wird von den Spielern im Training geübt und gehört zur Spieltaktik. Sie kann aber auch schiefgehen. Wenn einer der Verteidiger zu langsam ist, hat der Angreifer freien Weg aufs Tor und der Torwart ist auf sich allein gestellt!

Beim Fußball geht es nicht nur darum, Tore zu schießen, sondern auch zu gewinnen.

Alan Shearer

Einwurf, Abstoß, Eckstoß

Der Ball ist so lange im Spiel, bis er vollständig hinter einer Seiten- oder Torlinie landet oder der Schiedsrichter pfeift. Dann gibt es verschiedene Möglichkeiten, wie das Spiel fortgesetzt wird. Sie richten sich danach, wo und durch wen der Ball das Spielfeld verlassen hat.

Einwurf

Spielt ein Team den Ball über eine Seitenlinie ins Aus, gibt es Einwurf für die gegnerische Mannschaft. Der Einwurf wird dort ausgeführt, wo der Ball über die Linie gerollt oder geflogen ist. Die gegnerischen Spieler müssen mindestens zwei Meter Abstand halten. Ein direktes Tor durch Einwurf gibt es nicht.

Bei Einwurf, Abstoß und Eckstoß gilt: Der Spieler, der sie ausführt, darf den Ball erst wieder berühren, nachdem ein anderer Spieler am Ball war. Im Bild rechts: Marcel Schmelzer beim Einwurf.

Fußballschule: Den Einwurf üben

Für den Einwurf gelten genaue Regeln: Du musst mit dem Gesicht zum Spielfeld stehen, deine Füße berühren den Boden außerhalb der Seitenlinie. Nimm den Ball in beide Hände und hebe ihn über deinen Kopf nach hinten. Dabei spannst du deinen Körper an. Dann schwingst du die Arme über den Kopf wieder nach vorn und lässt den Ball gleichzeitig mit beiden Händen los. Achte darauf, dass deine Füße am Boden bleiben.

Salto-Einwurf

Mit einer besonderen Einwurftechnik überraschte Brasiliens Nationalspielerin Leah Lynn Gabriela Fortune bei der U-20-Weltmeisterschaft der Frauen 2008 in Chile: Nach kurzem Anlauf stützte sie sich auf den Ball in ihren Händen, machte einen Überschlag, kam auf ihre Füße und nutzte den Schwung, um den Ball weit in den Strafraum der Gegnerinnen zu schleudern. Auch andere Spielerinnen und Spieler beherrschen diese Saltotechnik.

Marco Reus legt sich den Ball an der Eckfahne zurecht.
Eckfahnen müssen manchmal auch als Jubel-Zubehör herhalten: André Schürrle etwa spielte auf ihr Luftgitarre, andere tanzten um sie herum oder schwenkten sie nach dem Abpfiff.

Eckstoß

Fliegt oder rollt ein Ball über die Torlinie ins Aus und ein Verteidiger hat ihn zuletzt berührt, bekommen die Angreifer einen Eckball (Eckstoß) zugesprochen. Dazu legt der Spieler den Ball in den Viertelkreis vor der Eckfahne, auf der Seite, auf der er über die Linie ging. Die Fahne muss stehen bleiben, der Ball darf die Linien des Viertelkreises berühren. Alle Gegenspieler halten einen Abstand von mindestens 9,15 Metern zum Viertelkreis. Der Eckstoß darf direkt ins Tor geschossen werden.

Und nun ein **Einwurf.** Nein, ein **Eckball.** Nein, ein **Einball.**

Fußballreporter Manfred „Manni" Breuckmann

Kurzer Pfosten, langer Pfosten

Manchmal ist vom kurzen oder langen Pfosten die Rede, zum Beispiel beim Eckball „auf den kurzen Pfosten". Gemeint sind die Torpfosten, und die sind natürlich beide gleich lang. Als kurzer Pfosten wird der bezeichnet, der näher am Schützen ist. Der lange Pfosten ist entsprechend der weiter entfernte. Bei einem Eckstoß auf den kurzen Pfosten wird der Ball also zu einem Mitspieler am näheren Torpfosten gespielt.

Abstoß

Spielt ein Angreifer den Ball über die Torlinie (und nicht ins Tor), gibt es Abstoß für die verteidigende Mannschaft. Da der Abstoß aus dem Torraum geschieht, wird er in der Regel vom Torwart ausgeführt. Er kann aber auch von einem anderen Spieler geschossen werden. Der Ball muss dabei aus dem Strafraum gekickt werden. Er darf über das ganze Spielfeld direkt ins gegnerische Tor fliegen! Die Gegner sind beim Abstoß außerhalb des Strafraums.

Beim Abstoß – hier ausgeführt von Lukas Kruse (SC Paderborn 07) – wird der Ball häufig über längere Entfernungen in die Hälfte des Gegners geschlagen.

Freistoß und Strafstoß

Wer gegen die Regeln verstößt, einen Gegner foult oder sich unsportlich verhält, muss mit einer Strafe rechnen. Das kann ein Freistoß oder ein Strafstoß für die andere Mannschaft sein. Es gibt direkte und indirekte Freistöße. Ein direkter Freistoß darf direkt ins Tor des Gegners geschossen werden. Bei einem indirekten Freistoß muss ein zweiter Spieler den Ball zuvor berühren, sonst zählt der Treffer nicht.

Direkter Freistoß

Unvorsichtiges, rücksichtsloses Verhalten und übertriebene Härte führen zu einem direkten Freistoß für das andere Team, wenn ein Spieler

- einen anderen tritt,
- dem Gegenspieler ein Bein stellt,
- ihn anrempelt, anspringt oder bedrängt,
- den Gegner festhält,
- ihn anspuckt,
- ihn schlägt oder stößt.

Direkten Freistoß gibt es auch bei absichtlichem Handspiel.

Für die Entscheidung auf direkten Freistoß reicht der Versuch, diese Fouls zu begehen. Geschehen die Aktionen im eigenen Strafraum, gibt der Schiedsrichter sogar einen Strafstoß (Elfmeter) für die andere Mannschaft.

Indirekter Freistoß

Auf indirekten Freistoß für die andere Mannschaft entscheidet der Schiedsrichter zum Beispiel:

- wenn ein Torwart im eigenen Strafraum den Ball länger als sechs Sekunden festhält,
- wenn ein Torwart einen Ball mit der Hand anfasst, den ein Mitspieler ihm mit dem Fuß zuspielt,
- bei gefährlichem Spiel, wenn jemand verletzt werden könnte (ohne Körperkontakt der Spieler, sonst gibt es direkten Freistoß oder Strafstoß),
- wenn ein Spieler sich einem Gegner, ohne dass der Ball in erreichbarer Nähe ist, beim Laufen in den Weg stellt (Sperren ohne Ball),
- wenn ein Spieler den gegnerischen Torwart bei der Ballfreigabe behindert.

Auch nach einer Abseitsentscheidung des Schiedsrichters wird das Spiel mit einem indirekten Freistoß fortgesetzt.

Cristiano Ronaldo (Real Madrid) schießt beim Freistoß in die Dortmunder Mauer mit Robert Lewandowski, Sebastian Kehl und Marco Reus (Oktober 2012).

9,15 Meter entsprechen in England, dem Entstehungsland der ersten Fußballregeln, **10** Yards. Klingt gleich viel weniger krumm!

Bei einem Elfmeter hat der Torhüter nur eine geringe Chance, den Ball zu halten. Hier gelingt es Torwart René Adler (Hamburger SV) im Duell gegen Klaas-Jan Huntelaar (FC Schalke 04).

Freistöße schießen

Freistöße werden dort ausgeführt, wo der Regelverstoß begangen wurde. Der Ball muss ruhig am Boden liegen. Wenn die Verteidiger einen Freistoß im eigenen Strafraum bekommen, verlassen alle Gegner den Strafraum und halten mindestens 9,15 Meter Abstand zum Ball. Der Schütze muss den Freistoß aus dem Strafraum hinausschießen. Haben die Angreifer einen indirekten Freistoß im gegnerischen Strafraum, gilt ebenfalls der Abstand von 9,15 Metern für alle Gegenspieler. Ist der Punkt, von dem der Freistoß geschossen wird, näher am Tor, stehen sie auf der Torlinie zwischen den Pfosten.
Auch bei Freistößen außerhalb des Strafraums müssen die 9,15 Meter eingehalten werden. Ist das Tor in Schussnähe und die Angreifer haben einen Freistoß, dann stellen sich die Verteidiger davor zu einer Mauer auf. Der Schiedsrichter kontrolliert den vorgeschriebenen Abstand.

Strafstöße schießen

Der Strafstoß wird vom Elfmeterpunkt geschossen. Außer dem Schützen und dem Torwart müssen alle Spieler mindestens 9,15 Meter hinter diesem Punkt auf dem Spielfeld sein. Der Torwart steht zwischen den Pfosten auf der Torlinie, bis der Schütze den Ball getreten hat. Der Strafstoß muss in Richtung Tor geschossen werden. Der Schütze darf nicht Anlauf nehmen und den Schuss dann nur antäuschen. Bevor er den Ball nach dem Strafstoß wieder spielt, muss ein anderer Spieler ihn berührt haben.

Faire Geste

Miroslav Klose spielte 2012 für Lazio Rom den Ball mit der Hand ins Tor. Der Schiedsrichter hatte es nicht gesehen und gab den Treffer. Die Gegner vom SSC Neapel protestierten. Auf Nachfragen des Schiedsrichters gestand Klose sein Handspiel ein, das Tor zählte nicht. Sehr fair! Leider konnte sein Team im Spiel keinen regulären Treffer mehr erzielen. Der SSC Neapel gewann schließlich mit 3 : 0.

Gelbe und Rote Karte

Zusätzlich zu den Spielstrafen Freistoß und Strafstoß (→ S. 32 f.) sind Gelbe und Rote Karten persönliche Strafen für einzelne Spieler. Es gibt sie seit der Weltmeisterschaft 1970. Vorher wurden Verwarnungen und Platzverweise nur mündlich erteilt.

Gelbe Karte

Die Gelbe Karte zeigt eine Verwarnung an. Ein Spieler erhält sie:

- bei unsportlichem Verhalten (zum Beispiel bei einem Foul oder absichtlichen Handspiel; wenn er versucht, den Schiedsrichter durch eine „Schwalbe" zu täuschen, indem er sich fallen lässt, als wäre er gefoult worden; oder wenn er es nach einem Tor mit dem Jubel übertreibt und sein Trikot auszieht),
- bei Protest gegen Schiedsrichter-entscheidungen,
- wenn ein Spieler immer wieder die Regeln missachtet,
- wenn er die Fortsetzung des Spiels absichtlich verzögert,
- wenn er bei einem Einwurf, Eckstoß oder Freistoß (→ S. 30 ff.) den Abstand nicht einhält,
- wenn er das Spielfeld betritt, ohne dass der Schiedsrichter es ihm erlaubt,
- wenn er das Spielfeld absichtlich verlässt ohne Zustimmung des Schiedsrichters.

Es sah so aus, als ob der Schiedsrichter eine **neue Gelbe Karte** hatte und sehen wollte, ob sie funktioniert.

Richard Rufus

Sebastian Prödl (Werder Bremen) sah für dieses Foul an Mario Gómez (FC Bayern München) im Februar 2013 die Rote Karte.

Rote Karte

Die Rote Karte zeigt einen Platzverweis an.
Ein Spieler erhält sie:

- bei grobem Foulspiel (zum Beispiel wenn er in die Beine eines Gegners springt und dessen Verletzung in Kauf nimmt),
- bei übertriebener Härte oder Gewalt gegen Spieler, Schiedsrichter, Zuschauer oder andere Personen,
- wenn er andere anspuckt,
- wenn er andere Spieler oder den Schiedsrichter beleidigt,
- wenn er durch absichtliches Handspiel ein Tor oder eine Torchance der Gegner verhindert (nur der Torwart darf den Ball im eigenen Strafraum mit der Hand spielen),
- wenn er einen Angreifer, der eine klare Torchance hat, durch ein Foul stoppt (sogenannte „Notbremse“),
- nach der zweiten Gelben Karte im selben Spiel („Gelb-Rot“).

Nach einer Roten Karte muss der Spieler den Platz ganz verlassen. Er darf sich nicht auf die Ersatzbank setzen.

Herr Lippens,
ich verwarne
Ihnen!
Herr Schiedsrichter,
ich danke
Sie!

Willi Lippens, der für diese Antwort die Rote Karte sah

Die Karten-Erfinder

Bei der WM 1966 erteilte Schiedsrichter Rudolf Kreitlein dem argentinischen Kapitän Antonio Rattin mündlich einen Platzverweis. Kreitlein war ein kleiner, schmaler Mann und der Argentinier wirkte gegen ihn wie ein Riese. Er weigerte sich, das Spielfeld zu verlassen. Angeblich hatte er den Stuttgarter Schiedsrichter nicht verstanden. Es kam zum Tumult, sodass schließlich sogar die Polizei eingriff. Nach dem Spiel, bei der Rückfahrt zum Hotel, brachten die Verkehrsampeln den englischen Schiedsrichterbetreuer Ken Aston auf eine Idee: Gelbe und Rote Karten sollten bei einer Verwarnung bzw. einem Platzverweis ein eindeutiges Signal für die Spieler sein. Er besprach den Vorschlag mit Kreitlein, der sich bei der FIFA dafür einsetzte.

Die schnellste Rote Karte bekam Walter Boyd vom FC Swansea im Spiel gegen Darlington 1999.

Nach **0** Sekunden im Einsatz musste Boyd vom Platz! Er wurde in einer Spielunterbrechung eingewechselt. Bevor der Schiedsrichter das Spiel fortsetzen konnte, schlug Boyd einem Gegenspieler seinen Ellbogen an den Kopf – Rote Karte!

19 Rote Karten vergab der Schiedsrichter in einem Spiel der spanischen Amateurliga, 18 davon nach Spielabbruch. In der Partie Recreativo Linense gegen Saladilo Algesiras war es zu einer Massenschlägerei gekommen.

Ebenfalls nach Schlägereien und Spielabbruch verteilte ein Schiedsrichter 2011 in der fünften argentinischen Liga eine Rekordzahl an Roten Karten: Insgesamt **36** sollen es gewesen sein – für alle Spieler, Ersatzspieler und die Trainer der Mannschaften CA Claypole und Victoriano Arenas!

Kann ein Spieler **3** Gelbe Karten in einem Spiel bekommen? Laut Fußballregeln geht das nicht, denn mit der zweiten gibt es Gelb-Rot und der Spieler muss vom Platz. Einem ist es trotzdem passiert: Bei der WM 2006 sah Josip Šimuniç (Kroatien) im Spiel gegen Australien dreimal Gelb! Der Schiedsrichter hatte sich vertan und bei der zweiten Gelben Karte den falschen Spielernamen aufgeschrieben.

Technik und Taktik

Trainer und Spielweise

Tolle Einzelspieler bilden nicht automatisch eine gute Mannschaft. Auch das Zusammenspiel muss funktionieren – und es braucht eine passende, auf Spieler und Gegner abgestimmte Taktik. Dafür ist der Trainer verantwortlich. Nicht nur sein sportliches Fachwissen ist gefragt, er sollte auch gut mit Menschen umgehen können und kreative Ideen zur Spielgestaltung entwickeln. Im Profifußball steht ihm ein fachkundiges Team zur Seite.

Wir haben nur unsere Stärken **trainiert,** deswegen war das Training heute nach 15 Minuten abgeschlossen.

Josef Hickersberger

Es gibt Trainer, die hält beim Spiel nichts auf der Bank. Sie fiebern mit, schreien, toben, jubeln und diskutieren mit dem Vierten Offiziellen. Andere bleiben zumindest äußerlich ruhig. Wichtig ist, dass ein Trainer nie den Respekt verliert vor Spielern, Gegnern und Schiedsrichtern. Er sollte immer Vorbild sein.

Jürgen Klopp

Funktion: Chef-Trainer
Geboren am: 16. Juni 1967 in Stuttgart
Größe: 1,93 m

Vereine als Spieler:

1972–1983	SV Glatten
1983–1987	TuS Ergenzingen
1987	1. FC Pforzheim
1987–1988	Eintracht Frankfurt II
1988–1989	Viktoria Sindlingen
1989–1990	Rot-Weiß Frankfurt
1990–2001	1. FSV Mainz 05 (325 Zweitligaspiele, damit Rekordspieler des FSV Mainz in der 2. Liga; 52 Tore)

Vereine als Trainer:

2001–2008	1. FSV Mainz 05
Seit 2008	Borussia Dortmund

Trainererfolge:

2004	Aufstieg in die erste Bundesliga mit Mainz 05
2011	Deutsche Meisterschaft mit Borussia Dortmund
2012	Double-Sieg des BVB in Meisterschaft und DFB-Pokal
2013	Champions-League-Finale mit dem BVB

Training

Der Trainer kennt seine Spieler und weiß, wie er sie fördern kann.
Das übt er mit seiner Mannschaft:

- Spieltechnik,
- Ausdauer,
- Taktik, Spielzüge und Laufwege, Zusammenspiel,
- Standardsituationen wie zum Beispiel Freistöße, Eckstöße und Elfmeter sowie
- das schnelle Treffen von Entscheidungen im Spiel.

Dabei unterstützen ihn: Kotrainer, Fitnesstrainer, Torwarttrainer und Sportpsychologe.

FIFA Trainer des Jahres (Männerfußball)

2012	Vicente Del Bosque	Spanische Nationalmannschaft
2011	Josep Guardiola	FC Barcelona
2010	José Mourinho	Inter Mailand/Real Madrid

FIFA Trainer/-in des Jahres (Frauenfußball)

2012	Pia Sundhage	Nationalmannschaft der USA
2011	Norio Sasaki	Japanische Nationalmannschaft
2010	Silvia Neid	Deutsche Nationalmannschaft

Seit drei, vier Wochen haben die Spieler keine Angst mehr vor mir.
Hans Meyer

Aufgaben des Trainers

Mannschaftsführung

Kumpel oder Chef – der Trainer muss den richtigen Ton treffen bei seinen Spielern. Dann kann er:

- den Zusammenhalt der Mannschaft stärken,
- Ansprechpartner für die Spieler sein,
- seine Spieler zu Höchstleistungen antreiben,
- mit ihnen gemeinsam Siege feiern und mit Niederlagen umgehen.

Wettbewerbe

Wettkämpfe beginnen für den Trainer bereits vor dem jeweiligen Spiel und sind mit dem Abpfiff nicht zu Ende. Der Trainer:

- sieht sich Spiele der Gegner vorher an (Videoanalyse, Besuche im Stadion),
- bestimmt die eigene Taktik und bespricht sie mit seiner Mannschaft,
- stimmt sein Training daraufhin ab,
- ändert die Taktik wenn nötig während des Spiels oder in der Halbzeitpause,
- analysiert das Spiel im Nachhinein und bespricht es mit seinen Spielern.

Dabei unterstützen ihn: Kotrainer, Torwarttrainer, Fitnesstrainer und Sportpsychologe.

Verantwortung für die Spieler

Nur ein gesunder Spieler kann auf dem Platz seine volle Leistung bringen. Darum muss der Trainer:

- die Gesundheit seiner Spieler im Auge behalten,
- entscheiden, ob ein Spieler fit und einsetzbar ist.

Dabei unterstützen ihn: Ärzte, Reha-/Fitnesstrainer, Physiotherapeuten, Ernährungsberater/Koch und Sportpsychologe.

Aufgaben im Verein

Ein Trainer kann seinen Klub mitgestalten durch:

- sportliche Zielsetzungen,
- Mitsprache bei Spielereinkäufen,
- Talentförderung.

Er vertritt den Verein auch nach außen. Das wird vom Trainer erwartet:

- Interviews,
- Pressekonferenzen,
- dass er seine Entscheidungen öffentlich rechtfertigt,
- dass er zu Erfolgen, Niederlagen, Spielertransfers u.Ä. Stellung nimmt.

Dabei unterstützen ihn: Pressesprecher und Sportdirektor/Manager.

Spielsysteme

Der Trainer legt die Taktik fest und stellt die Mannschaft entsprechend auf. Je nach Gegner und Wettbewerbsituation wählt er eine offensive oder defensive Spielweise. Defensiv heißt, dass ein Team vor allem darauf achtet, kein Tor zu kassieren und Konterchancen zu nutzen. Bei einer offensiven Aufstellung hat der Angriff Vorrang. Natürlich darf auch dabei die Verteidigung nicht vernachlässigt werden.

Spielsysteme legen Anzahl und Grundpositionen von Verteidigern, Mittelfeldspielern und Angreifern eines Teams fest. So weiß jeder, wo sein Platz und was seine Aufgabe ist. Das heißt aber heutzutage nicht mehr, dass die Spieler auf ihren Positionen „kleben". Im modernen Fußball laufen Verteidiger auch mit vor das gegnerische Tor, Mittelfeldspieler erkämpfen Torchancen und Stürmer unterstützen die Abwehr.

4-4-2

Bei diesem heute oft gespielten System bildet die Abwehr eine Viererkette vor dem eigenen Tor. Vier Spieler im Mittelfeld können in einer Raute stehen, der hintere ist dann defensiv ausgerichtet, der vordere offensiv. Er verstärkt die beiden Stürmer.

Die Abbildung links zeigt die sogenannte „Flache 4", die Abbildung rechts die „Mittelfeld-Raute".

Kick and Rush

Diese Spielweise wurde eine Zeit lang den Engländern zugeschrieben: Die Verteidigung spielte den Ball weit nach vorne, die Stürmer übernahmen. „Kick and Rush" wird heute nur noch vereinzelt, je nach Spielsituation eingesetzt. Gefahr dabei ist, dass die gegnerische Mannschaft an den lang geschlagenen Ball kommt und kontert, das heißt, den Gegenangriff startet.

Catenaccio

Das klassische italienische Defensivspiel baute auf eine zahlenmäßig überlegene Verteidigung in der eigenen Hälfte, die den Gegner vor dem Tor ausbremste. Angriffschancen erarbeitete sich das Team durch schnelle Konter – also rasches Umschalten von Abwehr auf Angriff nach einem Ballverlust der Gegner. Heute kommt diese Taktik nur noch in einzelnen Situationen zum Tragen. Ein gesamtes Spiel so aufzubauen, ist nicht mehr Erfolg versprechend.

5-3-2

Schon zahlenmäßig ist klar: Hier liegt der Schwerpunkt in der Verteidigung. Solches „Mauern“, also das Blockieren des eigenen Tors, ist bei Zuschauern nicht beliebt, weil wenige Treffer fallen. Das Spiel wirkt eher statisch und wird schnell langweilig.

4-2-3-1

Zwei Mittelfeldspieler spielen vor der Abwehr als sogenannte „Doppelsechs“. Früher war die 6 die klassische Rückennummer des defensiven Mittelfeldspielers. In diesem System gibt es zwei Spieler auf dieser Position, daher die Bezeichnung. Heutzutage ist einer der beiden in der Regel etwas offensiver ausgerichtet. Zusätzlich unterstützen ein offensiver Mittelfeldspieler und zwei Flügelspieler den Stürmer.

Jogi Löw hat jetzt sein System geändert. Er lässt nicht mehr **4-4-2** spielen, sondern spielt jetzt ein **4-4-3.**

Oliver Kahn

Totaler Fußball

In den 1970er-Jahren setzten die Niederländer auf „totalen Fußball“: Alle Spieler konnten bei diesem offensiven System auf jeder Position spielen und passten ihre Plätze und Aufgaben je nach Spielsituation an.

Tiki-Taka

Die Spanier führten das schnelle Kurzpassspiel als Angriffstaktik ein: Der Ball wird rasch zwischen den Kickern weitergegeben, möglichst bei nur einem Ballkontakt. Die gesamte Mannschaft beteiligt sich am Angriff und an der Verteidigung. Hohes Tempo, gute Reaktionen und sicheres Passspiel sind Voraussetzungen für ein erfolgreiches „Tiki-Taka“. Dann hat der Gegner schlechte Chancen, in Ballbesitz zu kommen.

Der Torwart

Neben Wendigkeit und hervorragenden Reaktionen braucht ein Torwart Mut und gute Nerven. In der Regel ist er der letzte Mann, der ein gegnerisches Tor verhindern kann. Er muss Angreifer richtig einschätzen und rasch eine Entscheidung treffen. Die sollte er seinem Gegner allerdings so spät wie möglich zeigen. Denn sobald der Torwart sich bewegt, hat der Stürmer eine Chance, die Lücke im Tor zu erkennen.

Mitspielender Torwart

Heutzutage sind Torhüter auch am Spielaufbau beteiligt. Sie gehen weit aus ihrem Tor heraus, um Anspielstation für ihre Teamkollegen zu sein. Mit dem Abschlag oder Abwurf startet der Torwart den Angriff und kann sogar ein Tor seiner Mannschaft vorbereiten.

Fangen und Faustabwehr

Bei einem Schuss auf sein Tor wird der Torwart versuchen, den Ball sicher zu fangen und an seinen Körper zu drücken. Ist das nicht möglich, kann er ihn auch mit der Faust wegboxen oder mit den Fingern abwehren. Das gibt den Angreifern jedoch eventuell die Gelegenheit zum Nachschuss. Der Torwart sollte den Ball deshalb nicht in den eigenen Strafraum fausten, sondern möglichst zur Seite, über das Tor ins Aus oder weit nach vorne. Im Bild oben hechtet Gianluigi Buffon nach dem Ball.

Zettel in der Socke

Beim WM-Viertelfinale 2006, Deutschland gegen Argentinien, kam es zum Elfmeterschießen. Immer wieder griff der deutsche Torhüter Jens Lehmann vor den Schüssen der Gegner in seine Socke, zog einen kleinen Zettel heraus und las ihn. Torwarttrainer Andreas Köpke hatte darauf mit Bleistift die Namen möglicher Schützen notiert und welche Torecke sie bevorzugten. Obwohl nicht alle Namen draufstanden, hielt Lehmann zwei Elfmeter und die Deutschen kamen ins Halbfinale. Vielleicht hat der Blick auf den Zettel dazu beigetragen, die argentinischen Schützen zu verunsichern. Der Zettel wurde für einen guten Zweck versteigert und an das „Haus der Geschichte" in Bonn übergeben.

Fußballschule: Der richtige Griff

So fängst du sicher:
Bei flachen Bällen öffnest du die Handflächen mit den Fingerspitzen nach unten. Die kleinen Finger sind in der Mitte beieinander. Bringe deinen Körper hinter den Ball und setzte ein Knie auf dem Boden auf. Dann kann der Ball nicht zwischen deinen Beinen hindurchrollen.

Bei Bällen in Brusthöhe und höher drehst du die geöffneten Hände nach oben. Die Handflächen zeigen nach vorn zum Ball, die Daumen in der Mitte zueinander. Halte die Augen auf den Ball gerichtet. Deine Hände bewegen sich beim Fangen auf den Ball zu. Wenn du ihn hast, ziehe ihn an deinen Körper. Übe das Fangen mit einem Freund, der dir Bälle zuspielt.

Herauslaufen

Stürmt ein Angreifer allein mit dem Ball in Richtung Tor, kann der Torhüter auf den Stürmer zulaufen. Er zeigt dadurch Präsenz und verengt den Schusswinkel. Die Möglichkeiten, den Ball an ihm vorbei ins Tor zu schießen, werden kleiner. Der Torwart deckt eine größere Fläche vom Tor ab.

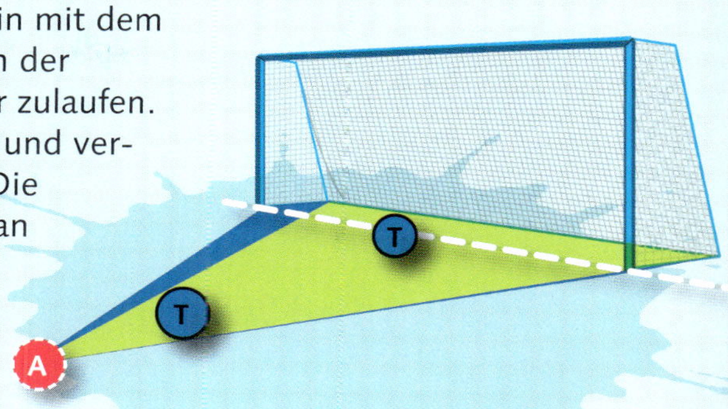

Ein Torhüter muss Ruhe ausstrahlen. Er muss aber aufpassen, dass er dabei nicht einschläft.
Sepp Maier

Abschlag und Abwurf

Nachdem ein Torhüter den Ball gefangen hat, bringt er ihn mit einem Abschlag oder Abwurf wieder ins Spiel. Beim Abschlag wird der Ball mit dem Vollspann (der Oberseite des Fußes) hoch und weit nach vorne geschossen. Der Abwurf kann mit aufrechtem Oberkörper nach oben geschehen, oder der Ball wird bei kurzer Entfernung in gebeugter Haltung flach über den Boden gerollt.
Je weiter und genauer ein Torwart seinen Abwurf oder Abschlag platziert, umso näher bringt er seine Mitspieler mit dem Ball ans gegnerische Tor heran. Die Gegner werden natürlich versuchen, den Ball abzufangen.

Manuel Neuer gilt als mitspielender Torwart. Er beteiligt sich am Spielaufbau. Weite, zielgenaue Abwürfe gehören zu seinen Stärken.

Die Abwehr

Eine gute Abwehr sorgt dafür, dass die gegnerische Mannschaft erst gar keine Torchance bekommt. Verteidiger müssen aufmerksam sein und ihre Gegenspieler immer im Auge behalten. Sie stören Angreifer auf dem Weg zum Tor und jagen ihnen den Ball ab.

Die Deckung hat Angst vor ihrem schwachen Torwart. Deshalb spielt sie so gut.

Udo Lattek

Rio Ferdinand (links, Manchester United) gegen Marco Streller (FC Basel).

Mann- oder Raumdeckung

Es gibt verschiedene Arten, wie die Abwehr ihr Tor sichern kann: Bei der Manndeckung ist jeder Verteidiger einem bestimmten Gegenspieler zugeordnet. Er bleibt nah an ihm dran und bewacht ihn ständig.
Bei der heute üblicheren Raumdeckung bewachen die Verteidiger bestimmte Spielfeldbereiche. Läuft ein Angreifer in einen anderen Abschnitt, übernimmt der nächste Verteidiger. Fehler passieren, wenn sich keiner für einen Stürmer zuständig fühlt. Auch Mischformen von Mann- und Raumdeckung sind möglich.

Die Vierer-Abwehrkette

Bei der Raumdeckung gibt es die Möglichkeit der Viererkette. Das heißt, dass in der Grundposition vier Abwehrspieler in einer Reihe parallel zur Torlinie vor dem eigenen Tor stehen. Die beiden Enden der Kette sind die Außenverteidiger. Sie unterstützen außerdem den Angriff über die Flügel, also entlang der Seitenlinien. Eine gut funktionierende Abwehrkette ist Voraussetzung für die Abseitsfalle (→ S. 29).

Tackling

Das Tackling ist eine Grundtechnik der Verteidigung. Es dient dazu, im Zweikampf den Ball des Gegners zu erobern. Dabei wird der Ball mit dem eigenen Fuß geblockt oder mit einer Grätsche vom Fuß des Gegners gespielt. Wichtig ist, dass der Ball getroffen wird und nicht das Bein oder der Fuß des Angreifers. Das wäre ein Foul mit hoher Verletzungsgefahr! Der Verteidiger kann dafür die Gelbe oder Rote Karte sehen – je nachdem, wie groß der Schiedsrichter die Gefahr einschätzt.

Bei einem Freistoß in Tornähe bilden Spieler der abwehrenden Mannschaft eine Mauer, um die Schussmöglichkeiten aufs Tor zu verringern.

Mats Hummels

Position: Abwehr
Geboren am: 16.12.1988
Größe: 1,91 m
Verein: Borussia Dortmund
Erfolge (Auswahl):
U 21-Europameister 2009, Deutscher Meister 2011 und 2012, DFB-Pokal-Sieger 2012

Heutzutage ist Vielseitigkeit auf allen Positionen gefragt: Moderne Abwehrspieler wie Mats Hummels übernehmen mehr Aufgaben als das Abschirmen des eigenen Tors. Sie können das Angriffsspiel eröffnen und sind auch vorne, vor dem Tor des Gegners gefährlich. Zum Beispiel sind Verteidiger oft groß und haben ein gutes Timing für Kopfbälle, die in der Abwehr und auch im Angriff extrem wichtig sind.

Fußballschule: Ballsicherheit

Als Verteidiger musst du den Ball immer unter Kontrolle haben. Den sicheren Umgang mit dem Ball kannst du üben, indem du ihn zum Beispiel mit beiden Füßen jonglierst: Kicke den Ball immer wieder mit dem Vollspann gerade nach oben, ohne dass er zwischendurch den Boden berührt. Achte darauf, dass du deinen Oberkörper dabei nicht nach hinten beugst. Zähle deine Ballkontakte. Übe das Jonglieren auf verschiedenen Höhen: Kicke den Ball bis in Knie-, Hüft-, Brust- und Kopfhöhe. Trainiere immer mit beiden Füßen!

45 Millionen Euro zahlte Manchester United 2002 an Leeds United als Ablösesumme für den Verteidiger Rio Ferdinand. Er wurde damit zum bisher teuersten Abwehrspieler.

Das Mittelfeld

Ideenreichtum, technisch perfekte Einzelspieler und eine gute Zusammenarbeit zeichnen ein starkes Mittelfeld aus. Ausdauer ist eine weitere Voraussetzung für den Erfolg. Denn Mittelfeldspieler überbrücken den Weg zum gegnerischen Tor und legen weite Laufwege zurück. Sie haben sowohl defensive als auch offensive Aufgaben: Mittelfeldspieler setzen Angreifer unter Druck, erobern den Ball und leiten den Angriff der eigenen Mannschaft ein. Sie bereiten Torschüsse vor und erzielen selbst Treffer.

Pässe

Ein Pass ist das genaue Zuspiel zu einem Teamkollegen. Pässe müssen sicher geschossen werden, damit der Gegner den Ball nicht abfangen kann. Beim Steilpass wird der Ball in den Laufweg eines Mitspielers gekickt. Dazu muss der Schütze den Weg und die Schnelligkeit des Spielers richtig einschätzen.
Je nach Taktik und Situation spielen manche Teams One-Touch-Fußball: Der Ball wird nach nur einem Kontakt mit einem schnellen Kurzpass an einen Mitspieler weitergegeben.

Der deutsche Nationalspieler Mesut Özil dribbelt bei einem Qualifikationsspiel zur WM 2014 gegen Kasachstan in Richtung Tor.

Fußballschule: Hindernis-Dribbling

Bau dir einen Trainingsparcours: Als Hindernisse dienen Jacken, Taschen, Plastiktrinkflaschen und andere Gegenstände, die beim Umfallen nicht kaputtgehen. Sie dürfen auch keine scharfen Kanten haben, damit du dich nicht verletzt. Lege und stelle sie mit etwas Abstand voneinander hin und dribble im Slalom um sie herum. Setze dazu beide Füße ein. Verändere Abstände und Lage der Hindernisse und versuche es erneut. Du kannst von einem Freund deine Zeit stoppen lassen. Nach jedem Durchgang wechselt ihr.

Dribbling

Beim Dribbling läuft ein Spieler allein mit dem Ball und führt ihn eng am Fuß. Das verringert die Möglichkeiten für Gegenspieler, den Ball zu erobern. Verschiedene Tricks und Finten dienen dazu, den Gegner zu täuschen. Der Spieler zeigt zum Beispiel mit seiner Körperhaltung an, dass er rechts an einem Gegenspieler vorbeidribbeln möchte. Sobald der Gegner darauf einsteigt, ändert er schnell seine Richtung und kickt den Ball nach links.

Mario Götze mit einem Pass auf Robert Lewandowski, der anschließend zum 1 : 2 trifft (Mainz 05 – Borussia Dortmund, November 2012).

Flügelspiel

Flügelspieler greifen den Gegner über die Seiten an. Sie laufen mit dem Ball nach vorn, um ihn einem Stürmer zuzuspielen oder eine Flanke in den gegnerischen Strafraum zu schlagen. So kann ein Team beim Angriff die ganze Spielfeldbreite nutzen und die Abwehr der Gegner auseinanderziehen.

Pressing

Das Mittelfeld-Pressing ist eine Verteidigungstaktik, an der sich die gesamte Mannschaft beteiligt. Ziel ist, den Gegner früh beim Spielaufbau zu stören – manchmal schon vor dessen Strafraum – und selbst an den Ball zu kommen. Alle Spieler orientieren sich am Ball, der Ballführende wird attackiert und seine Passmöglichkeiten werden blockiert. Ihm bleibt wenig Raum zum Laufen oder Abspielen. Kommt es zum Ballverlust des Gegners, muss die Mannschaft sofort auf Angriff umschalten.

Die **10** ist traditionell die Rückennummer des Spielmachers im offensiven Mittelfeld (oder auch im Sturm). Der 10er behält die Übersicht, ist immer anspielbar und gestaltet das Spiel entscheidend mit. Als herausragende Spielmacher mit der Nummer 10 gelten zum Beispiel Pelé, Diego Maradona, Lothar Matthäus, Zinédine Zidane und Lionel Messi.

Der Angriff

Hauptaufgabe von Offensivspielern ist es, Tore zu erzielen. Und weil mit Toren Spiele gewonnen werden, sind es meist die Stürmer, die das größte Interesse von Zuschauern und Medien auf sich ziehen. Doch auch die Anforderungen an Angreifer haben sich im Laufe der Zeit gewandelt: Früher hatten sie ihre feste Position vor dem Tor und konnten auf das Zuspiel der anderen warten. Heute arbeiten sie wie alle im Gesamtsystem der Mannschaft mit.

Torschuss

Vor dem gegnerischen Tor muss ein Angreifer rasend schnell mehrere Entscheidungen treffen: Schießt er selbst aufs Tor oder ist ein Mitspieler in besserer Position? Der Schütze muss eine Torecke wählen und er bestimmt, welche Schusstechnik er anwendet. Bei alldem heißt es: Ruhig bleiben! Der Torschuss sollte zielgenau und kraftvoll sein. Er kann mit Effet geschossen werden, das heißt, der Ball bekommt einen Drall und fliegt eine Kurve. Solche Bälle sind oft schwerer zu halten. Die meisten Spieler haben einen starken Fuß, mit dem sie in der Regel schießen. Man spricht dann von Links- oder Rechtsfuß. Angreifer, die mit beiden Füßen gleich gut treffen, sind besonders gefährlich, weil der gegnerische Torhüter sie schlechter einschätzen kann.

Fallrückzieher – wie dieser von Rafael van der Vaart – setzen technisches Können und körperliche Fitness voraus. Die Schusstechnik ist erlaubt, wenn kein Gegenspieler dabei verletzt werden kann.

Spektakuläre Fallrückzieher

Der deutsche Stürmer Klaus Fischer war berühmt für seine Fallrückzieher. Sein Fallrückziehertor für die Nationalmannschaft im Länderspiel Deutschland gegen die Schweiz am 16.11.1977 wählten die ARD-Fernsehzuschauer zum Tor des Jahres, Tor des Jahrzehnts und schließlich sogar Tor des Jahrhunderts!
Auch 2012 gewann ein Tor durch Fallrückzieher die Zuschauerwahl: Im Freundschaftsspiel Schweden gegen England am 14.11.2012 erzielte Zlatan Ibrahimoviç den spektakulären Treffer für die schwedische Nationalmannschaft aus ca. 25 Metern Entfernung! Bei solchen Aktionen helfen dem Stürmer sein Körpergefühl und seine Beweglichkeit. Beides trainiert Ibrahimoviç auch beim Taekwondo.

Manni Flanke, ich Kopf – Tor!

Horst Hrubesch

Offensiv-Star Lionel Messi stellte einen 40 Jahre geltenden Rekord von FC Bayern-Stürmer Gerd Müller ein: 1972 hatte Müller 85 Pflichtspiel-Tore in nur einem Kalenderjahr erzielt. Messi erhöhte 2012 auf **91** Tore und wurde zum vierten Mal in Folge Weltfußballer des Jahres.

Kopfballtor

Angreifer (im Bild oben: Mario Gomez) sind kopfballstark – und können Flanken ins Tor köpfen. Dabei sind nicht nur Größe und Sprungkraft eines Angreifers entscheidend, auch sein Absprung im richtigen Moment ist wichtig.

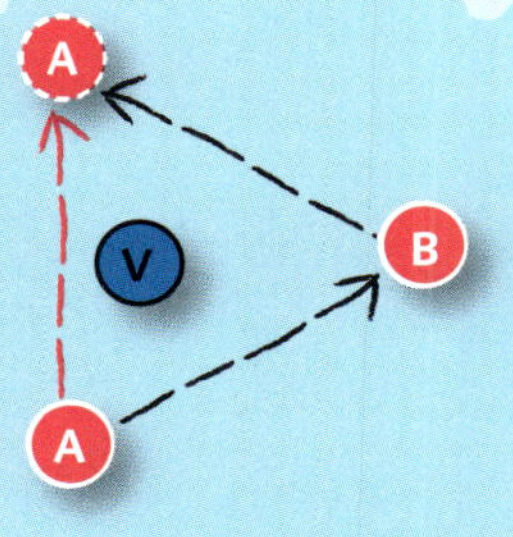

Doppelpass

Mit einem Doppelpass tricksen zwei Spieler gemeinsam die Verteidigung aus: Der erste läuft mit dem Ball auf den Verteidiger zu und passt ihn vor dem Gegner zu seinem Mitspieler. Dann läuft er am Verteidiger vorbei und der Mitspieler passt ihm den Ball sofort wieder zu.

Fußballschule: Torschuss-Technik

Direkt und kraftvoll schießt du mit dem Vollspann aufs Tor: Setze dein Standbein neben den Ball und hole mit dem Schussbein aus. Ziehe es mit gebeugtem Knie weit nach hinten. Dann lass das Bein nach vorne schnellen und führe deinen Schussfuß hinter den Ball. Die Fußspitze zeigt dabei nach unten. Das Bein schwingt nach vorne durch.

Doppelpass alleine? Vergiss es!

Lukas Podolski

Argentiniens Lionel Messi in einem Freundschaftsspiel gegen Deutschland (August 2012) auf dem Weg zum Tor.

Aufstellung und Analyse

Kopiere diese Seite, schneide die Trikots aus und schreibe die Namen deiner Traum-Elf darauf. Auf dem Fußballfeld kannst du deren Aufstellung in verschiedenen Spielsystemen (→ S. 40) testen. Welche möglichen Spielzüge ergeben sich daraus?

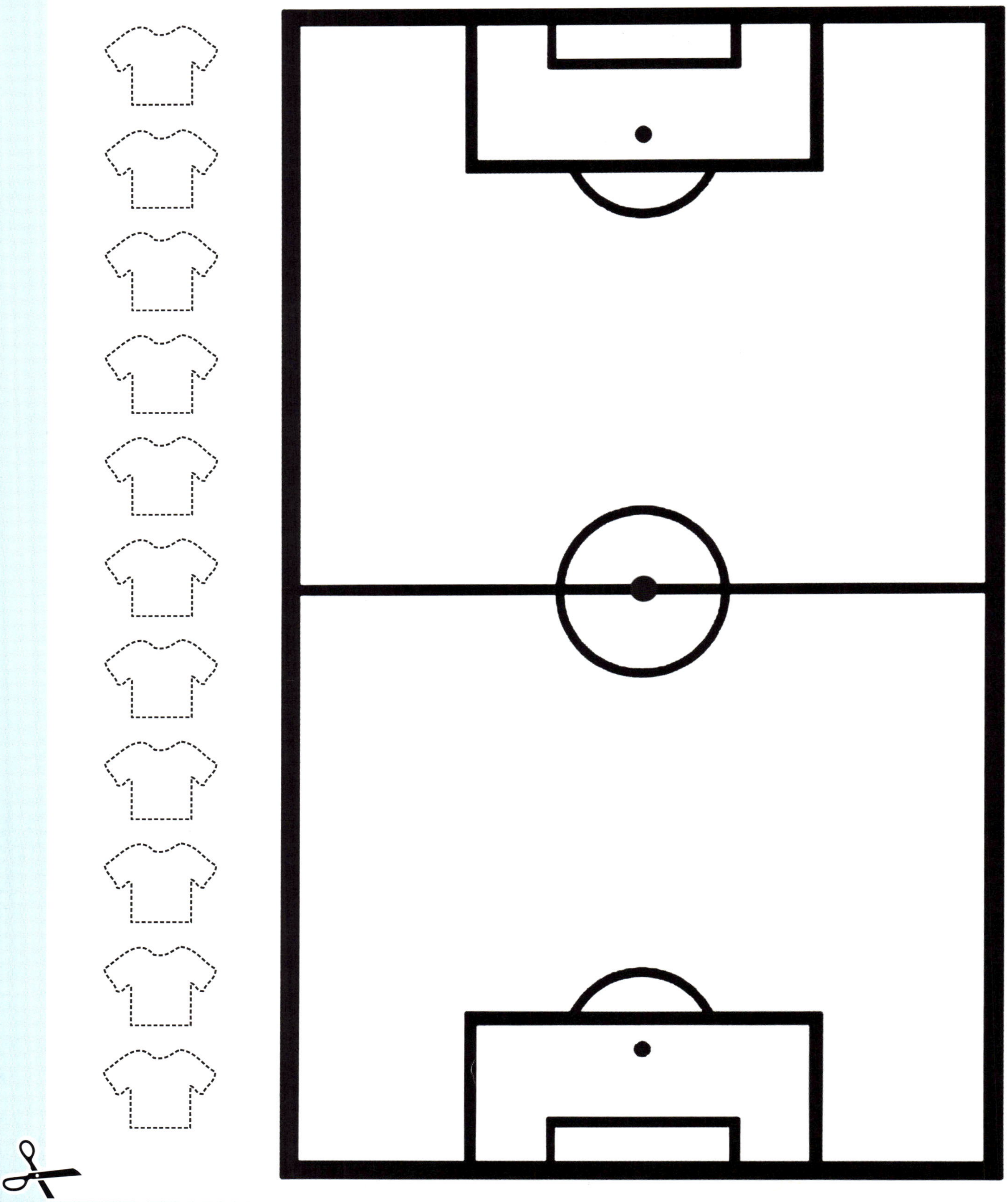

Jugend-
fußball

Fußballnachwuchs

Auch die ganz großen Fußballstars haben einmal klein angefangen – auf der Straße, dem Spielplatz, zu Hause, im Kindergarten, in der Schule. Wenn die Fußballleidenschaft über das gelegentliche Kicken mit Freunden hinausgeht, sollte man Mitglied in einem Verein werden. Die Nachwuchsförderung ist dort eine wichtige Aufgabe. Bereits im Vorschulalter können Kinder am Fußballtraining teilnehmen. Damit es fair zugeht und etwa gleich starke Gegner aufeinandertreffen, werden Kinder und Jugendliche in verschiedene Altersklassen eingeteilt.

Halbzeit!

Verringerte Mannschaftsgrößen

In der G-Jugend laufen bis zu sechs Kicker pro Team über den Rasen, in der F- und E-Jugend sind es bis zu sieben, in der D-Jugend bis zu neun Spieler pro Mannschaft. Ab der C-Jugend müssen sieben bis elf Mannschaftsmitglieder auf dem Platz stehen. B-Juniorinnen spielen auf Regionalverbands- und DFB-Ebene auf einem Normalspielfeld mit elf Spielerinnen pro Team.

Altersklassen

G-Junioren/G-Juniorinnen (Bambini)	bis 6 Jahre
F-Junioren/F-Juniorinnen	6–8 Jahre
E-Junioren/E-Juniorinnen	8–10 Jahre
D-Junioren/D-Juniorinnen	10–12 Jahre
C-Junioren/C-Juniorinnen	12–14 Jahre
B-Junioren/B-Juniorinnen	14–16 Jahre
A-Junioren/A-Juniorinnen	16–18 Jahre

Bis zur D-Jugend sind gemischte Mannschaften mit Mädchen und Jungen möglich. In der C- und B-Jugend ist die Zustimmung der Eltern Voraussetzung dafür. Mädchen im Alter der A-Junioren spielen in der Regel bereits in Frauenmannschaften. In einigen Landesverbänden wurden versuchsweise A-Juniorinnen-Mannschaften eingeführt.

Abgewandelte Regeln

Viele Fußballregeln sind für den Nachwuchs vereinfacht. Bis zur E-Jugend gibt es zum Beispiel kein Abseits, keine Gelbe und Rote Karte und nur direkte Freistöße. Strafstöße werden aus acht Metern Entfernung geschossen. Außerdem sind beliebig viele Auswechslungen möglich und ein Spieler, der vom Trainer herausgenommen wurde, kann später wieder eingewechselt werden.
In der G- und F-Jugend werden noch keine Meisterschaften ausgetragen. Kinder dieser Altersklassen können aber an Turnieren und Freundschaftsspielen teilnehmen.

Kürzere Spieldauer

Die Spieldauer von 90 Minuten gilt erst ab der A-Jugend. Für alle anderen Altersklassen ist eine kürzere Spielzeit vorgesehen:

B-Jugend	2 x 40 Minuten
C-Jugend	2 x 35 Minuten
D-Jugend	2 x 30 Minuten
E-Jugend	2 x 25 Minuten
F-Jugend	2 x 20 Minuten
G-Jugend/Bambini	höchstens 2 x 20 Minuten

Eine Verlängerung beträgt in der A-Jugend maximal 2 mal 15 Minuten und in der B-Jugend maximal 2 mal 10 Minuten. Alle jüngeren Altersklassen spielen eine Verlängerung von 2 mal 5 Minuten.

Fußballschule: Den richtigen Verein finden

Du suchst einen Fußballverein für dich? Frage deine Freunde und Lehrer oder informiere dich im Internet, z. B. auf der Homepage deiner Gemeinde oder des ortsansässigen Fußball- oder Sportvereins.
Nicht alle Fußballvereine haben auch eine Mädchenmannschaft. Der DFB (Deutscher Fußball-Bund) stellt auf seiner Internetseite eine Linkliste bereit, in die sich Vereine mit Frauen- und Mädchenmannschaften eintragen können (→ S. 138).

Kleineres Spielfeld

Von den Bambini bis zur D-Jugend wird auf einem verkleinerten Fußballfeld gespielt. Die Bälle sind leichter, die Tore höchstens fünf Meter breit und zwei Meter hoch. Ab der C-Jugend kann das Spielfeld verkleinert sein, es darf aber auch schon die normale Größe haben.

Philipp Lahm: Mit fünf zur FT Gern

Mit gerade mal fünf Jahren startete Philipp Lahm seine Fußballkarriere bei der Freien Turnerschaft München Gern. Der Verein liegt im Stadtteil, in dem Philipps Familie lebt, und auch sein Vater spielte bereits dort. Als Philipp in der D-Junioren-Mannschaft kickte, wurden der FC Bayern und der TSV 1860 München auf sein Talent aufmerksam. Beide Vereine luden ihn zum Probetraining ein und mit zwölf Jahren kam er zum FC Bayern. Dem Klub FT Gern ist Philipp Lahm nach wie vor eng verbunden. Kinder, die weniger behütet und zum Teil in großer Armut aufwachsen, unterstützt er mit einer eigenen Stiftung. Sie fördert Projekte in den Bereichen Sport und Bildung in Afrika und Deutschland.

Beim Training und bei den Spielen geht es nicht nur um fußballerisches Können, sondern auch um Teamgeist.

Junge Profis

Wer aus der Jugendmannschaft heraussticht und auffällig gut spielt, gilt als Talent. Um sich im Spitzenfußball international auch in Zukunft behaupten zu können, werden begabte Nachwuchskicker in Deutschland besonders gefördert. Verschiedene Organisationen arbeiten dabei eng zusammen.

Talentsichtung

Bevor Talente gefördert werden können, muss man sie erst einmal entdecken. Verbände und Vereine veranstalten Sichtungstermine, Talentsucher beobachten Spieler auf dem Platz beim Training und Wettkampf. Bei Sichtungsturnieren des DFB (→ S. 104) spielen Auswahlteams der Landesverbände gegeneinander.

Landesverbände und Vereine

Talentförderung beginnt im Amateurverein. Landesverbände bilden Trainer für Kinder und Jugendliche aus und sorgen für altersgerechte Wettbewerbe. Sie stellen Auswahlteams mit den besten Nachwuchsspielern in verschiedenen Altersklassen für Sichtungsturniere des DFB und bereiten die Kinder und Jugendlichen darauf vor.

Talentförderprogramm des DFB

Der DFB sichtet und fördert Fußballtalente an Stützpunkten in ganz Deutschland. In einem auf sie zugeschnittenen Zusatztraining werden die Nachwuchsspieler auf die Leistungszentren der Bundesligavereine und die Eliteschulen des Fußballs vorbereitet.

Wenn ich nicht Fußballer geworden wäre, wäre ich Superman geworden.
Cristiano Ronaldo

Worauf es ankommt

Trainer und Talentscouts achten bei der Sichtung bzw. dem Probetraining auf technische und taktische Fähigkeiten der Nachwuchsspieler. Die Zusammenarbeit im Team sollte gut funktionieren – wer nur allein Kunststücke mit dem Ball vorführt und den Rest der Mannschaft dabei vergisst, wird wenig Erfolg haben. Spielfreude, Ausdauer, Schnelligkeit, ein starkes Selbstbewusstsein und Ideenreichtum sind ebenfalls gefragt.

Viele aktuell erfolgreiche Spieler haben das Leistungszentrum eines Bundesligavereins besucht. Philipp Lahm, Bastian Schweinsteiger und Thomas Müller beispielsweise wurden beim FC Bayern ausgebildet – und spielen auch heute noch für den Klub. Bayern-Torwart Manuel Neuer startete seine Karriere beim FC Schalke 04.

TALENTFÖRDERUNG

Ferienangebote

Einige Landesverbände und Vereine bieten Fußballschulen und Camps in den Ferien an. Termine und Informationen hierzu werden auf der Internetseite des DFB veröffentlicht und können direkt bei den Vereinen erfragt werden.

Eliteschulen des Fußballs

Eliteschulen des Fußballs arbeiten mit Leistungszentren zusammen und dienen dazu, auch bei intensivem, zeitaufwendigem Training eine schulische Ausbildung zu gewährleisten. Denn wenn es mit der Profikarriere nicht klappt, sollen den Jugendlichen andere Möglichkeiten offenstehen. So werden zum Beispiel Trainings- und Stundenpläne aufeinander abgestimmt, Klausurtermine den sportlichen Anforderungen angepasst, und bei Bedarf erhalten Schüler Hausaufgabenbetreuung und Nachhilfe. Spieler der U-Nationalmannschaften werden bei der Vorbereitung auf Prüfungen unterstützt und bekommen Extrastunden, wenn sie Unterricht versäumt haben.

Leistungszentren der Bundesligavereine

Vereine der 1. und 2. Bundesliga sind verpflichtet, in sogenannten Leistungszentren Nachwuchsfußballer auszubilden. Sie müssen für optimale Trainingsmöglichkeiten und ärztliche Betreuung der Spieler sorgen. Außerdem achten sie darauf, dass Training und Schule miteinander vereinbar sind (zum Beispiel in einer Eliteschule des Fußballs). Jugendliche, die eine weite Anreise haben, können in Internaten und bei Gastfamilien untergebracht werden. Auch Klubs der 3. Liga und Regionalliga dürfen Leistungszentren unterhalten.

Ziel: Weltklassefußball

Jugendauswahlmannschaften des DFB, die sogenannten U-Teams, messen sich in internationalen Wettbewerben mit dem Fußballnachwuchs anderer Länder. „U" steht für „unter" und die folgende Zahl gibt das Alter an, unter dem die teilnehmenden Spieler und Spielerinnen sind. Diese Jugendnationalmannschaften bauen einerseits Einzelspieler weiter für den Spitzenfußball auf. Andererseits ist das erklärte Ziel der Teams – jedenfalls in den höheren Altersklassen –, internationale Titel zu holen!

Harte Schule

Für den Traum, Profifußballer zu werden, müssen die Nachwuchsspieler viel aufgeben. Sie haben wenig Freizeit und nehmen Trennungen von ihren Familien und Freunden in Kauf. Da hilft es enorm, wenn sie sich mit ihren Mitspielern und Trainern gut verstehen. Wichtig ist außerdem, dass sie ihre Chancen nutzen, sich weiterentwickeln und möglichst verletzungsfrei bleiben.

Erfolg tut nur der haben, der hart arbeiten tut.
Klaus Toppmöller

2010 freuten sich die U20-Spielerinnen über den Weltmeistertitel.

DFB-Auswahlmannschaften

Mädchen und Frauen:	Jungen und Männer:
U15-, U16- und U17-Juniorinnen,	U15-, U16-, U17-, U18-, U19-Junioren,
U19-, U20- und U23-Frauen	U20- und U21-Männer

Vom U- ins A-Team:
Auch die Nationalmannschaft wächst heran. Als die deutsche U21 in Schweden 2009 Europameister wurde, hieß der Mannschaftskapitän Sami Khedira. Im Tor der Deutschen stand Manuel Neuer, Mesut Özil erzielte einen Finaltreffer gegen England und bereitete zwei weitere vor. Zum Kader gehörten damals auch schon Jérôme Boateng, Mats Hummels, Benedikt Höwedes und Marcel Schmelzer.

U-Teams, Erfolge (Auswahl)

Mädchen und Frauen:	Jungen und Männer:
U20-Weltmeisterinnen 2010	U21-Europameister 2009
U19-Weltmeisterinnen 2004	U17-Europameister 2009
U17-Europameisterinnen 2008, 2009, 2012	U19-Europameister 2008
U19-Europameisterinnen 2002, 2006, 2007, 2011	
U18-Europameisterinnen 2000 und 2001	

La Masia

Auch Klubs in anderen Ländern haben eine ausgezeichnete Nachwuchsförderung. Ein Beispiel ist die Talentschmiede „La Masia" des FC Barcelona. Spitzenfußballer wie Andrés Iniesta und Lionel Messi erhielten hier ihre Fußballausbildung. Lionel Messi war 13 Jahre alt, als er mit seiner Familie aus Rosario, Argentinien, nach Barcelona kam. Aufgrund einer Wachstumsstörung war er nur 1,43 m groß. Er wirkte eher schüchtern, doch auf dem Platz zeigte er schnell, was er konnte. Drei Jahre lang durchlief Messi die Fußballakademie. Mithilfe einer Hormonbehandlung wuchs er auf 1,69 m heran. Viele Spieler, die mit ihm La Masia besucht haben, stehen auch heute neben ihm auf dem Platz. Sie kennen sich und ihre Spielweise also sehr gut.

Mein Verein

Isabella ist zehn Jahre alt und spielt seit einem halben Jahr in einem Mädchenteam des FV „Rheingold" Rübenach 1919 e. V. Sie hat uns ein Interview dazu gegeben.

Frage an Isabella: *Wie hast du den passenden Verein für dich gefunden?*
Isabella: Ich habe mit meinen Eltern im Internet geguckt. Wir haben „Mädchenmannschaft" eingegeben und unseren Ort. Da standen dann die Trainingszeiten und da sind wir hingegangen.

Auf welcher Position spielst du?
Im Mittelfeld.

Wie oft trainiert ihr?
Zweimal in der Woche. Wir fangen mit irgendeinem Spiel an. Danach üben wir mit dem Ball. Und dann machen wir meistens noch ein Abschlussspiel, zwei Mannschaften gegeneinander.

In welcher Altersklasse spielst du?
In der E-Jugend.

Spielst du schon in der Kreisliga?
Nächste Saison bin ich in der Mannschaft.

Wie groß ist euer Team?
In der E-Jugend sind wir sieben auf dem Platz, mit Torwart.

Was ist besonders wichtig, wenn man in einer Vereinsmannschaft spielen will?
Dass man nicht so ein Motzkopf ist oder dauernd irgendwelchen Unsinn macht. Dann klappt das ganze Training nicht. Und genauso die Spiele.

Was hat dir bisher in deinem Verein am besten gefallen?
Wir haben ein Turnier gewonnen. Ich habe ein Tor geschossen, das 1 : 0.

Welche Fußballziele und Träume hast du?
Vielleicht mal in einer Bundesligamannschaft spielen. Aber das ist bestimmt schwer, da reinzukommen.

Hast du einen Lieblingsverein?
Ja, den BVB.

Welche Spieler findest du gut?
Hummels oder Reus.

Danke, Isabella. Viel Erfolg mit deinem Team!

Die Bundesliga

Bundesliga damals und heute

Vor Einführung der Bundesliga gab es in Deutschland keine einheitliche höchste Spielklasse. Alarmiert durch internationale Niederlagen deutscher Teams im Europapokal und der Nationalmannschaft bei der WM in Chile 1962, machten sich Bundestrainer Sepp Herberger, der Präsident des 1. FC Köln Franz Kremer und der spätere DFB-Präsident Hermann Neuberger für eine eingleisige nationale Liga (→ S. 136) stark.

16 Vereine am Start

Als am 24. August 1963 der Startschuss fiel, waren 16 Vereine dabei. Der heutige Rekordmeister FC Bayern München gehörte nicht dazu. Sein Konkurrenzverein, der TSV 1860 München, hatte eine Lizenz bekommen und zwei Klubs aus derselben Stadt schienen den DFB-Verantwortlichen zu viel. 1965 gelang dem FC Bayern München der Aufstieg in die höchste Spielklasse.
Nur ein Verein spielt von Anfang an ununterbrochen in der Bundesliga: der Hamburger SV.

Erstes Tor verpasst

Das erste Tor der Bundesliga erzielte Friedhelm „Timo" Konietzka, Stürmer bei Borussia Dortmund, in der 1. Spielminute gegen Werder Bremen. Ein Foto gibt es davon nicht – alle Fotografen hockten hinter dem Tor der Borussia und warteten auf einen Treffer der Bremer.

„Timo" Konietzka im Jahr 1963 während der Begegnung Karlsruher SC – Borussia Dortmund (1 : 3).

Beruf Fußballer

Die Spielergehälter durften anfangs 1200 Mark (613,55 Euro) monatlich nicht überschreiten, das legte das erste Bundesligastatut fest. Man wollte keine Vollprofis und so mussten die meisten Fußballer nebenher zusätzlich Geld verdienen. Ausländische Spieler waren die Ausnahme, erlaubt waren zwei pro Verein. Am ersten Spieltag kamen insgesamt gerade mal drei zum Einsatz: der Jugoslawe Petar „Radi" Radenkovic (TSV 1860 München), der Niederländer Jacobus Prins (1. FC Kaiserslautern) und Wilhelm Huberts aus Österreich (Eintracht Frankfurt). Heute verdienen die Stars unter den Profifußballern in der Bundesliga Millionenbeträge. Die Teams sind mit internationalen Spitzenspielern besetzt, wobei man auch auf die Förderung des eigenen Nachwuchses großen Wert legt.

Jetzt haben wir den **Salat**, sind aufgestiegen und müssen uns in der Bundesliga richtig anstrengen.
Otto Rehhagel

37 Millionen Euro vereinbarte der FC Bayern München 2013 als Ablösesumme für BVB-Ausnahmespieler Mario Götze – bisher der teuerste Transfer innerhalb der Bundesliga.

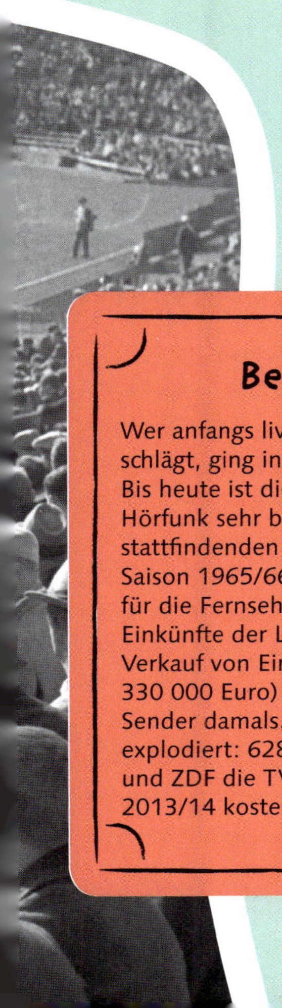

Berichterstattung

Wer anfangs live erfahren wollte, wie sein Klub sich schlägt, ging ins Stadion oder saß vor dem Radio. Bis heute ist die Bundesligakonferenz im ARD-Hörfunk sehr beliebt, die zwischen den parallel stattfindenden Spielen hin und her schaltet. In der Saison 1965/66 gaben ARD und ZDF erstmals Geld für die Fernsehrechte aus. Zuvor stammten die Einkünfte der Liga fast ausschließlich aus dem Verkauf von Eintrittskarten. 648 000 Mark (ca. 330 000 Euro) zahlten die öffentlich-rechtlichen Sender damals. Inzwischen sind die Fernsehgelder explodiert: 628 Millionen Euro lassen sich Sky, ARD und ZDF die TV- und Internetrechte in der Saison 2013/14 kosten.

Veränderungen

Hertha BSC Berlin musste 1965 zur Strafe in die Regionalliga wechseln: Der Klub hatte seinen Spielern zu viel Geld gezahlt und damit gegen die Bestimmungen verstoßen. Der SC Tasmania 1900 Berlin ersetzte Hertha BSC in der folgenden Saison (→ S. 62), außerdem wurde entschieden, dass kein Klub absteigen sollte. Damit erhöhte sich die Zahl der Bundesligavereine auf 18. Nochmals vorübergehend aufgestockt wurde nach der deutschen Wiedervereinigung: 1991/92 kamen Dynamo Dresden und Hansa Rostock aus der ehemaligen DDR hinzu. Eine Saison lang kämpften 20 Vereine in der Bundesliga, von denen am Ende vier abstiegen.

Helden, Tiere, Katastrophen

Von Anfang an haben ihre Akteure die Bundesliga zu dem gemacht, was sie ist: ein sportlicher Wettbewerb auf hohem Niveau und mit großem Unterhaltungswert! Sie hat Weltstars hervorgebracht wie den „Kaiser" Franz Beckenbauer und erfreute die Zuschauer immer wieder mit lustigen Zwischenfällen, schockierte zuweilen aber auch mit ernsten Skandalen.

Schlechtester Klub jemals

Nachdem Hertha BSC 1965 in die Regionalliga strafversetzt worden war, durfte der SC Tasmania 1900 Berlin ersatzweise in die Bundesliga aufrücken. Der kleine Verein überschätzte offensichtlich seine Möglichkeiten, als er dieses Angebot des DFB annahm. Nach einer einzigen Saison mit nur zwei Siegen, vier Unentschieden und den meisten Niederlagen jemals (28), stieg der Klub wieder ab. Was blieb, sind weitere Negativrekorde: Die Tasmanen erzielten zum Beispiel die wenigsten Tore in einer Saison (15), bei den meisten Gegentreffern (108), und bestritten das Spiel mit der geringsten Zuschauerzahl (827).

Hundebisse und echte Löwen

Am 6. September 1969 schoss Schalke-Kicker Hansi Pirkner im Revier-Derby das 1 : 0 gegen Dortmund und brachte damit neben seinen Mannschaftskollegen auch die Fans zum Jubeln. Begeistert stürmten die Fans auf den Platz. Die Dortmunder Ordner folgten ihnen mit Schäferhunden und verloren die Kontrolle über die Tiere: Schalkes Mittelfeldspieler Gerd Neuser wurde in den Oberschenkel gebissen, Schäferhund Rex erwischte seinen Teamkollegen Friedel Rausch zweimal am Hintern. Rausch bekam eine Tetanusspritze und kickte weiter bis zum Abpfiff. Zum Rückspiel brachten die Schalker junge, zahme Löwen mit, die sie als Antwort auf die Hundeattacke vor dem Anpfiff angeleint von Ordnern auf den Platz führen ließen.

Bundesligaskandal 1971

1971 erschütterte ein Bestechungsskandal die Bundesliga: Zahlreiche Spieler hatten Schmiergelder kassiert – sie sollten dafür die Spielergebnisse im Abstiegskampf beeinflussen. Viele von ihnen sowie einige Trainer und Funktionäre mussten Geldstrafen zahlen und wurden gesperrt. Die Klubs Kickers Offenbach und Arminia Bielefeld verloren ihre Bundesligalizenz.

Pfostenbruch im Bökelbergstadion

Beim Spiel Borussia Mönchengladbach gegen Werder Bremen am 3. April 1971 stand es 1 : 1, als Gladbachs Stürmer Herbert Laumen in der 88. Minute einen Freistoß seines Teamkollegen Günter Netzer verwandeln wollte. Laumen verfehlte den Ball und landete selbst im Netz – mit solcher Wucht, dass ein morscher Pfosten des Holztors brach! Das Spiel konnte nicht fortgesetzt werden. Der DFB wertete die Partie im Nachhinein mit 2 : 0 für Bremen – als Strafe für die Gastgeber, die für die Tore verantwortlich waren.

Schräge Vögel

Als Sepp Maier (FC Bayern München) sich 1976 in einem Spiel gegen den VfL Bochum langweilte, versuchte er, im Hechtsprung eine Ente zu erwischen. Das Tier hatte sich ins Stadion verirrt und in Tornähe niedergelassen. Den Spitznamen „Ente" bekam der Holländer Willi Lippens (Rot-Weiß Essen und Borussia Dortmund) für seinen watschelnden Gang. Auch er unterhielt die Zuschauer nicht nur mit fußballerischen Fähigkeiten, sondern daneben mit kleinen Showeinlagen: Manchmal setzte er sich einfach auf den Ball – was einige Gegner und Schiedsrichter ziemlich ärgerte.

Das Publikum liebte „die Ente" Willi Lippens für seine Showeinlagen.

Einwurftor

„Aus einem Einwurf kann direkt kein Tor erzielt werden" – heißt es in den Fußballregeln von FIFA und DFB. Erst nach einem weiteren Ballkontakt zählt der Treffer. Bitter ist, wenn der Torwart selbst den Ball berührt, bevor er ins Netz geht, und das Tor damit gültig macht. So passiert ist das Jean-Marie Pfaff bei seinem ersten Spiel für den FC Bayern München 1982: Uwe Reinders, Werder Bremen, gelang ein weiter Einwurf in den Strafraum, Pfaff kam mit den Fingerspitzen an den Ball und der landete hinter der Torlinie – 1 : 0 für Bremen!

Ich habe fertig!

Enttäuscht von den schlechten Leistungen seines Teams und wütend, weil einige Spieler seine Taktik kritisiert hatten, hielt der aufgebrachte FC Bayern-Trainer Giovanni Trapattoni bei einer Pressekonferenz am 10. März 1998 eine legendäre Rede. Und obwohl der Italiener die deutsche Sprache nicht perfekt beherrschte, verstand jeder, was er zu sagen hatte: „(...) Ein Trainer ist nicht ein Idiot! (...) zwei oder drei diese Spieler, waren schwach wie eine Flasche leer! (...) Was erlauben Strunz? (...) Ist immer verletzt! (...) Ich bin müde jetzt der Vater dieser Spieler, eh, verteidige diese Spieler! Ich habe immer die Schulde über diese Spieler (...) Ich habe fertig!"

Meister der Herzen

Der letzte Bundesliga-Spieltag 2001: Schalke 04 besiegte Unterhaching mit 5 : 3. Doch zum Gewinn der Meisterschaft brauchte der Klub die Hilfe des Hamburger SV, der zeitgleich gegen den FC Bayern München spielte. Und tatsächlich gelang den Hamburgern in der 90. Minute der Treffer zum 1 : 0. Ein Fernsehreporter verkündete den Schalkern das Ende des Spiels in Hamburg und beglückwünschte Schalke-Manager Rudi Assauer zur Meisterschaft. Fans und Mannschaft flippten aus: Schalke war Meister! Aber das Spiel in Hamburg war noch gar nicht abgepfiffen. Dort entschied der Schiedsrichter in der Nachspielzeit auf indirekten Freistoß für die Bayern – und der führte zum Tor. In letzter Sekunde jagte der FC Bayern München den Schalkern die Meisterschale ab! Schlagartig verwandelte sich der Schalker Freudentaumel in tiefe Enttäuschung.

Die Medien verliehen den Schalkern 2001 den Titel „Meister der Herzen" – und Schalke 04 qualifizierte sich für die Champions League.

Hier rollt der Ball

18 Mannschaften in der Bundesliga und 18 Teams in der 2. Bundesliga kämpfen in der Saison Woche für Woche um Tabellenplätze – und die Fans fiebern gespannt mit. Jede Saison ändert sich das Teilnehmerfeld, je nachdem, welche Klubs ab- und aufgestiegen sind.

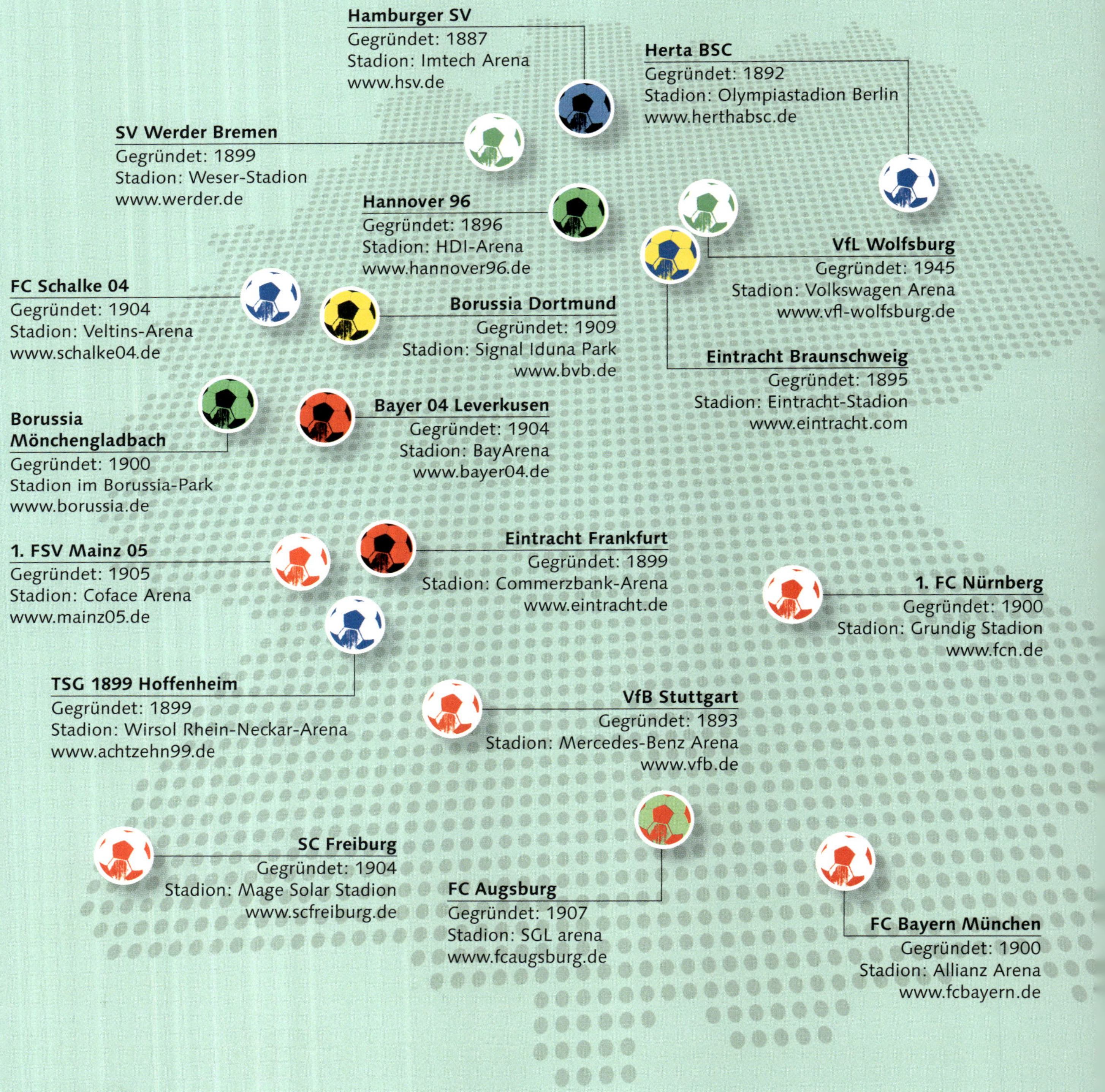

365 Tore erzielte Gerd Müller (FC Bayern München) in 427 Bundesligaspielen – der „Bomber der Nation" hält damit den Rekord als bester Torschütze seit Gründung der Liga! Allein 40 Treffer waren es in der Saison 1971/72.

Rekordhalter am Ball: „Charly" Körbel (links) und Gerd Müller.

Die meisten Bundesligaeinsätze hatte Karl-Heinz „Charly" Körbel: **602** Mal stand er für Eintracht Frankfurt auf dem Platz.

0:12 verlor Borussia Dortmund gegen Borussia Mönchengladbach am letzten Spieltag der Saison 1977/78. Es war die höchste Niederlage in der Bundesligageschichte.

Die **1.** Rote Karte in der Bundesliga sah am 10. Oktober 1970 Lothar Kobluhn, Rot-Weiß Oberhausen.

Ältester aktiver Spieler in der Bundesliga war bisher Klaus Fichtel, genannt „Tanne", mit **43** Jahren in der Abwehr des FC Schalke 04.

6 Treffer in einem Bundesligaspiel – das schaffte nur Dieter Müller für den 1. FC Köln gegen Werder Bremen, am dritten Spieltag der Saison 1977/78. Köln siegte mit 7 : 2 und gewann am Saisonende das Double aus Meisterschaft und DFB-Pokal.

Dieter Müller beim ersten von sechs Toren.

Matthias Sammer war erst **34** und damit der jüngste Meistertrainer seit Bestehen der Bundesliga, als er 2002 mit dem BVB die Meisterschale holte.

Die meisten Elfmeter, nämlich **53**, verwandelte Manfred Kaltz für den Hamburger SV. Berühmt wurde er auch durch seine Bananenflanken.

3 Eigentore – und damit die meisten in einem Spiel – gehen auf das Konto von Hannover 96 bei einer Partie gegen Borussia Mönchengladbach im Dezember 2009.

Top-Vereine

Viele Vereine spielten schon in der Bundesliga – einige sind besonders erfolgreich, andere besonders beliebt, manche verschwanden schnell wieder in die unteren Spielklassen. 16 Klubs, die inzwischen feste Größen im Kampf um Titel oder gegen den Abstieg sind, haben wir ausgewählt, um sie in kurzen Steckbriefen vorzustellen.

SV Werder Bremen

- Der Verein ist Gründungsmitglied der Bundesliga.
- Er beweist – phasenweise – eine im Profifußball seltene Treue zu seinen Trainern. Zwei blieben jeweils 14 Jahre: Otto Rehhagel trainierte die Bremer von 1981 bis 1995 (2 x Deutscher Meister, 2 x DFB-Pokalsieger, 1 x Europapokalsieger) und wurde zum Ende seiner Tätigkeit mit dem Spitznamen „König Otto" geehrt. Thomas Schaaf war von 1999 bis 2013 Trainer bei Werder (1 x Deutscher Meister, 3 x DFB-Pokalsieger).

Gründungsdatum: 4. Februar 1899
Vereinsfarben: Grün-Weiß
Erfolge: 4 x Deutscher Meister, 6 x DFB-Pokalsieger, 1 x Europapokalsieger

FC Bayern München

- Der FC Bayern München ist mit über 200 000 Mitgliedern hinter Benfica Lissabon der zweitgrößte Fußballverein weltweit. Laut einer Studie vom Mai 2013 sind die Bayern zudem der wertvollste Fußballklub der Welt: Der Verein ist 668 Millionen Euro wert.
- Das Motto „Mia san mia" ist Ausdruck des großen Selbstbewusstseins der Münchner, die der erfolgreichste Verein der Bundesliga sind.

Gründungsdatum: 27. Februar 1900
Vereinsfarben: Rot-Weiß
Erfolge: 23 x Deutscher Meister , 16 x DFB-Pokalsieger, 7 x Europapokalsieger (davon 2 x Champions League), 2 x Weltpokalsieger; 1 x Supercup-Sieger, 2013 Triple aus Deutscher Meisterschaft, DFB-Pokal und Champions-League-Sieg

Hamburger SV

- Der Klub ist der einzige in der Bundesliga, der von Beginn an dabei war und nie abgestiegen ist.
- Als erster Verein in Europa hatte der HSV einen eigenen Friedhof für Fans – mit unverbaubarem Blick auf die Westtribüne.
- Die Hamburger werden „die Rothosen" genannt, weil ihr Heimtrikot aus weißem Hemd mit roter Hose besteht, was den Farben der Hansestadt entspricht.
- Uwe Seeler ist wohl der bekannteste ehemalige Spieler, der einer von vier Ehrenspielführern der deutschen Nationalmannschaft ist (zusammen mit Fritz Walter, Franz Beckenbauer und Lothar Matthäus).

Gründungsdatum: 29. September 1887
Vereinsfarben: Blau-Weiß-Schwarz
Erfolge: 6 x Deutscher Meister, 3 x DFB-Pokalsieger, 2 x Europapokalsieger

Stuttgarter Fans jubeln über den Meistertitel 2007.

2009 holte sich Werder Bremen den „Pott“.

VfB Stuttgart

- Der „Verein für Bewegungsspiele Stuttgart 1893 e.V.“ gehört zu den Bundesliga-Gründungsmitgliedern.
- 1995 bis 1997 sorgte das sogenannte „magische Dreieck“ für ordentlich Wirbel mit sehr gutem Offensiv-Fußball: Giovane Elber, Fredi Bobic und Krassimir Balakov erzielten in der Saison 1996/97 unter Trainer Joachim Löw 49 von insgesamt 78 Treffern des VfB. Im DFB-Pokalfinale von 1997 siegte der VfB mit 2 : 0 gegen Energie Cottbus. Torschütze bei beiden Treffern war Giovane Elber.
- Mit Spielern wie Mario Gómez, Sami Khedira und Serdar Taşçi aus dem eigenen Nachwuchs baute Trainer Armin Veh 2006 eine schlagkräftige Mannschaft auf. Die „jungen Wilden“ gewannen 2007 die Deutsche Meisterschaft.

Gründungsdatum: 9. September 1893
Vereinsfarben: Weiß-Rot
Erfolge: 5 x Deutscher Meister, 3 x DFB-Pokalsieger

FC Schalke 04

- Die Fans des Bundesliga-Gründungsmitglieds gehen nicht „ins Stadion“ oder „zu Schalke“. In Gelsenkirchen besucht man die Spiele des Vereins im Stadtteil Schalke „auf Schalke“.
- Höhepunkte der Saison sind die Revierderbys gegen den Erzrivalen im Ruhrpott – den BVB.
- Die „Knappen“, wie die Schalker auch genannt werden, machten Papst Johannes Paul II. 1987 zum Ehrenmitglied, nachdem er eine Messe in ihrem Parkstadion gehalten hatte.

Gründungsdatum: 4. Mai 1904
Vereinsfarben: Blau-Weiß
Erfolge: 7 x Deutscher Meister, 5 x DFB-Pokalsieger, 1 x Europapokalsieger

Borussia Dortmund

- Der BVB hat mit „der Süd“, wie die Dortmunder ihre Südtribüne nennen, europaweit die größte Stehplatztribüne: 24 454 Fans (das entspricht der Einwohnerzahl einer mittleren Kreisstadt) finden auf 100 Metern Breite, 52 Metern Tiefe und 40 Metern Höhe eindrucksvoll Platz.
- Der Verein war bei Gründung der Bundesliga dabei und ist mittlerweile zusammen mit dem FC Bayern München in Deutschland das Maß aller Fußballdinge. Während die Bayern auf selbstbewusstes „Mia san mia“ setzen, geht es bei der Borussia um „echte Liebe“ – so das Motto der Dortmunder.

Gründungsdatum: 19. Dezember 1909
Vereinsfarben: Schwarz-Gelb
Erfolge: 8 x Deutscher Meister, 3 x DFB-Pokalsieger, 2 x Europapokalsieger (davon 1 x Champions League), 1 x Weltpokalsieger

Borussia Mönchengladbach

- Der Verein pflegt eine ewige Rivalität mit dem 1. FC Köln. Hennes Weisweiler, nach dem das Kölner Maskottchen benannt wurde (→ S. 78), war in beiden Klubs als Trainer tätig.
- Bekannte ehemalige Spieler der „Fohlenelf“ sind u. a. Günter Netzer, Jupp Heynckes, Lothar Matthäus und Berti Vogts.

Gründungsdatum: 1. August 1900
Vereinsfarben: Grün-Schwarz-Weiß
Erfolge: 5 x Deutscher Meister, 3 x DFB-Pokalsieger, 2 x Europapokalsieger

1. FC Kaiserslautern

- Dem Bundesliga-Gründungsmitglied gelang in der Saison 1997/98 die einmalige Leistung, als Aufsteiger aus der 2. Bundesliga Deutscher Meister zu werden.
- Das Stadion der Lauterer thront oberhalb der Stadt Kaiserslautern auf dem Betzenberg – die Fans pilgern auf ihren „Betze". Sie sind gefürchtet für ihre lautstarke Unterstützung der Mannschaft von den Rängen.
- Fritz Walter, der wohl berühmteste „rote Teufel", ist Ehrenspielführer der Nationalmannschaft.
- Prominenter FCK-Anhänger ist der ehemalige Präsident der USA Bill Clinton.

Gründungsdatum: 2. Juni 1900
Vereinsfarben: Rot-Weiß
Erfolge: 4 x Deutscher Meister, 2 x DFB-Pokalsieger

1. FC Köln

- Die Kölner sind Gründungsmitglied und sicherten sich den ersten Meistertitel der Bundesliga. 35 Jahre lang konnten sie sich ununterbrochen in der höchsten deutschen Spielklasse halten.
- Für die treuen Fans besteht seit einigen Jahren wenig Grund zur Freude, denn ihre Erwartungen und die Wirklichkeit klaffen weit auseinander. Die starke Rivalität zu Borussia Mönchengladbach sorgt für heiße Derbys der beiden Klubs.
- Viele großartige Kicker haben beim 1. FC Köln gespielt – zum Beispiel Lukas Podolski, Toni Schumacher, Bernd Schuster, Pierre Littbarski, Thomas „Icke" Häßler und Toni Polster.

Gründungsdatum: 13. Februar 1948
Vereinsfarben: Rot-Weiß
Erfolge: 3 x Deutscher Meister, 4 x DFB-Pokalsieger

Der Kölner Hans Schäfer mit der Meisterschale (Saison 1963/64).

Bayer 04 Leverkusen

- Der Verein war ursprünglich eine Betriebssport-Mannschaft der Firma „Farbenfabriken vormals Friedrich Bayer & Co.".
- Seit 1997 wurden die Leverkusener 5 x Vizemeister und 2 x Zweiter im DFB-Pokal. In der Saison 2001/2002 landeten sie sowohl in der Bundesliga als auch im DFB-Pokal und in der Champions League auf Platz zwei, was ihnen den Spitznamen „Vizekusen" einbrachte. 2010 ließen sie sich die Bezeichnung als Marke beim Patentamt schützen.

Gründungsdatum: 1. Juli 1904
Vereinsfarben: Rot-Weiß-Schwarz
Erfolge: 1 x DFB-Pokalsieger, 1 x Europapokalsieger

Eintracht Frankfurt

- Das Gründungsmitglied der Bundesliga gilt als einer der großen Traditionsvereine im deutschen Fußball.
- Die „launische Diva vom Main" hatte ihre beste Zeit Anfang bis Mitte der 1990er-Jahre. Seitdem durchleben die Fans immer wieder ein Auf und Ab der Gefühle.
- Nach dem Aufstieg unter Trainer Armin Veh in der Saison 2011/12 kickte die Mannschaft in der darauffolgenden Spielzeit so erfolgreich, dass sie sich mit dem 6. Bundesliga-Tabellenplatz erstmals seit 2006 wieder für einen europäischen Wettbewerb qualifizierte (Playoffs der Europa League).

Gründungsdatum: 8. März 1899
Vereinsfarben: Rot-Schwarz-Weiß
Erfolge: 1 x Deutscher Meister, 4 x DFB-Pokalsieger, 1 x Europapokalsieger

1. FC Nürnberg

- Nach dem FC Bayern München haben die Nürnberger die meisten Titel – seit einigen Jahren ist das Bundesliga-Gründungsmitglied jedoch nicht mehr so erfolgreich.
- Die „Glubberer" gelten wegen häufiger Auf- und Abstiege als „Fahrstuhlmannschaft".

Gründungsdatum: 4. Mai 1900
Vereinsfarben: Rot-Weiß
Erfolge: 9 x Deutscher Meister, 4 x DFB-Pokalsieger

Leverkusener „Prominenz": Ulf Kirsten, Michael Ballack, Oliver Neuville und Carsten Ramelow (2001).

Hannover 96

- Die Spieler wurden seit den frühen 1930er-Jahren als „Rothemden" bezeichnet und werden heute „die Roten" genannt, obwohl Rot – wie beim Hamburger SV – in den Vereinsfarben nicht vorkommt. Aber das Heimtrikot ist rot.
- Begeisterter Fan und Mitglied des Vereins ist Medienstar Oliver Pocher.

Gründungsdatum: 12. April 1896
Vereinsfarben: Schwarz-Weiß-Grün
Erfolge: 2 x Deutscher Meister, 1 x DFB-Pokalsieger

VfL Wolfsburg

- Der Verein beschäftigte im Meisterjahr 2009 Felix Magath als Trainer, Manager und Geschäftsführer in einer Person. Besonders wichtig für den damaligen Erfolg waren die beiden Stürmer Grafite und Džeko: Zusammen erzielten sie 54 von 80 in dieser Saison geschossenen Tore der „Wölfe".
- Die Hosen für die allererste Begegnung der Wolfsburger Spieler wurden von deren Frauen aus Bettlaken genäht.

Gründungsdatum: 12. September 1945
Vereinsfarben: Grün-Weiß
Erfolge: 1 x Deutscher Meister

SC Freiburg

- Der SC Freiburg hat ca. 5 800 Mitglieder und zeichnet sich besonders durch seine Jugendarbeit und die Einbindung des eigenen Nachwuchses in die Profimannschaft aus.
- Von 1991 bis 2007 trainierte Volker Finke das Team – 16 Jahre auf der Trainerbank, das ist Rekord in der Bundesliga. Die „Ära Finke" war die bis dahin erfolgreichste Phase des Klubs, der sich mit einem vergleichsweise kleinen Budget mittlerweile in der Bundesliga etabliert hat.
- Der jetzige Trainer Christian Streich (seit 1995 als Jugendtrainer bei Freiburg – mit der A-Jugend 3 x Pokalsieger und 1 x Deutscher Meister) wurde 2013 mit dem DFB-Trainerpreis für eine herausragende Saison geehrt.

Gründungsdatum: 30. Mai 1904
Vereinsfarben: Rot-Weiß
Erfolge: Qualifikation für die Europa League 2013/14

FC St. Pauli

- Der Verein hat treue und politisch engagierte Fans, die sich gegen rassistisches und frauenfeindliches Verhalten einsetzen.
- Die St. Paulianer schafften es 2003, unter dem damaligen Präsidenten Corny Littmann, mehr als 1,95 Millionen Euro für die Lizenz und den Verbleib in der Regionalliga aufzutreiben – in nur drei Monaten! Allein der Verkauf von T-Shirts mit dem Aufdruck „Retter" brachte dem Kultverein ca. 900 000 Euro ein, ein Benefizspiel gegen den FC Bayern München, der auf eine Gage verzichtete, 270 000 Euro. Die Fans kauften 11 700 Dauerkarten für die kommende Saison in der Regionalliga – davon träumt mancher Konkurrent!

Gründungsdatum: 15. Mai 1910
Vereinsfarben: Braun-Weiß
Erfolge: 1 x „Weltpokalsiegerbesieger" (→ S. 98)

Meisterschaft und DFB-Pokal

Am Ende der Bundesligasaison gewinnt der Verein an der Tabellenspitze die Meisterschaft – und damit den wichtigsten Titel im deutschen Fußball. Manchmal steht der Meister schon einige Spieltage vor Saisonende fest, manchmal bleibt es spannend bis zur letzten Sekunde. Wer in derselben Saison auch den DFB-Pokal holt, darf sich Double-Gewinner nennen. Doch der Pokal hat – laut einer gern verwendeten Floskel – „seine ganz eigenen Gesetze". Denn hier treffen Amateurvereine auf Bundesligateams und sorgen hin und wieder für Überraschungen.

Die Tabelle, die ja nie lügt, täuscht ja oft.

Felix Magath

Deutsche Meister seit Einführung der Bundesliga

1964	1. FC Köln
1965	SV Werder Bremen
1966	TSV München 1860
1967	Eintracht Braunschweig
1968	1. FC Nürnberg
1969	FC Bayern München
1970	Borussia Mönchengladbach
1971	Borussia Mönchengladbach
1972	FC Bayern München
1973	FC Bayern München
1974	FC Bayern München
1975	Borussia Mönchengladbach
1976	Borussia Mönchengladbach
1977	Borussia Mönchengladbach
1978	1. FC Köln
1979	Hamburger SV
1980	FC Bayern München
1981	FC Bayern München
1982	Hamburger SV
1983	Hamburger SV
1984	VfB Stuttgart
1985	FC Bayern München
1986	FC Bayern München
1987	FC Bayern München
1988	SV Werder Bremen
1989	FC Bayern München
1990	FC Bayern München
1991	1. FC Kaiserslautern
1992	VfB Stuttgart
1993	SV Werder Bremen
1994	FC Bayern München
1995	Borussia Dortmund
1996	Borussia Dortmund
1997	FC Bayern München
1998	1. FC Kaiserslautern
1999	FC Bayern München
2000	FC Bayern München
2001	FC Bayern München
2002	Borussia Dortmund
2003	FC Bayern München
2004	SV Werder Bremen
2005	FC Bayern München
2006	FC Bayern München
2007	VfB Stuttgart
2008	FC Bayern München
2009	VfL Wolfsburg
2010	FC Bayern München
2011	Borussia Dortmund
2012	Borussia Dortmund
2013	FC Bayern München

Die Bundesligatabelle

18 Teams spielen in einer Bundesligasaison jeweils zweimal gegeneinander, in einem Heim- und einem Auswärtsspiel. Für einen Sieg erhält eine Mannschaft drei Punkte, für ein Unentschieden einen und für eine Niederlage null Punkte. Nach jeder Begegnung werden die gesammelten Punkte addiert und geben den aktuellen Platz des Teams in der Tabelle an. Wer am Ende der Saison die meisten Punkte hat und damit in der Tabelle ganz oben steht, gewinnt die Deutsche Meisterschaft. Bei Punktegleichstand entscheidet die bessere Tordifferenz (erzielte Tore minus Gegentreffer), wenn die auch gleich ist, die Anzahl der erzielten Tore. Die beiden Schlusslichter der Tabelle steigen in die 2. Bundesliga ab. Im Gegenzug steigen die beiden Bestplatzierten aus der 2. Bundesliga auf. Die drittletzte Mannschaft der Bundesliga trägt gegen die drittbeste der 2. Liga sogenannte Relegationsspiele aus. In Hin- und Rückspiel wird ein Sieger ermittelt, der in der nächsten Saison in der Bundesliga spielen darf. Dabei gilt die Auswärtstorregel (→ S. 26).

Double-Gewinner

Nur wenige Klubs haben bisher in einer Saison die Deutsche Meisterschaft plus den DFB-Pokal – und damit das Double – gewonnen:

FC Bayern München	2013 (Triple), 2010, 2008, 2006, 2005, 2003, 2000, 1986, 1969
Borussia Dortmund	2012
Werder Bremen	2004
1. FC Köln	1978
FC Schalke 04	1937

Ich glaube, dass der Tabellenerste jederzeit den Spitzenreiter schlagen kann.

Berti Vogts

Als erstes deutsches Männerteam holte der FC Bayern München 2013 das Triple aus Deutscher Meisterschaft, DFB-Pokal und Champions-League-Sieg!

DFB-Pokal – der Wettbewerb

64 Mannschaften kämpfen um den DFB-Pokal: Dazu gehören alle Teams der Bundesliga und der 2. Bundesliga aus dem abgelaufenen Spieljahr, die Verbandspokalsieger der 21 deutschen Landesverbände und die ersten vier der dritten Liga. Hinzu kommen weitere Mannschaften aus den Landesverbänden mit den meisten Herren-Teams. Jeder Verein darf jedoch nur eine Mannschaft ins Rennen schicken. Die Begegnungen werden ausgelost, und zwar so, dass in der ersten Runde auf jeden Amateurverein ein Team der ersten oder zweiten Bundesliga trifft. Die Amateure haben Heimrecht. Alle Begegnungen werden in nur einem Spiel im K.-o.-System ausgetragen – wer verliert ist draußen. Das Endspiel findet jedes Jahr im Berliner Olympiastadion statt.

Berlin!
Berlin!
Wir fahren nach
Berlin!
Fangesang

DFB-Pokal-Sensationen

Selbst Rekordmeister FC Bayern München ist im DFB-Pokal nicht vor Überraschungen sicher. Die Münchner verloren schon mehrfach gegen Teams aus niedrigeren Spielklassen: Bereits in der ersten Runde wurden sie 1990 vom FV 09 Weinheim mit 0 : 1 und 1994 vom TSV Vestenbergsgreuth mit gleichem Ergebnis besiegt. Mit 5 : 3 nach Elfmeterschießen hatte der 1. FC Magdeburg 2000 in der zweiten Pokalrunde die Nase vorn.
Auch andere Bundesligisten mussten unerwartete Niederlagen einstecken – ein Team sogar durch einen Klub aus der 5. Liga: 2001 kickte der SSV Ulm 1846 den 1. FC Nürnberg in der ersten Runde mit 2:1 aus dem Wettbewerb.

Salatschüssel und Pott

Die Meisterschale – wegen ihrer Form auch „Salatschüssel" genannt – und der DFB-Pokal sind Wandertrophäen, sie werden jeweils an den aktuellen Titelgewinner weitergegeben. Alle Deutschen Meister seit 1903 sind auf der Schale mit ihrem eingravierten Vereinsnamen verewigt. Die Namen der DFB-Pokalsieger stehen auf dem Sockel des „Potts". Er bietet noch Platz für die Gewinner bis 2020.

DFB-Pokalsieger

1964	TSV 1860 München	1989	Borussia Dortmund
1965	Borussia Dortmund	1990	1. FC Kaiserslautern
1966	FC Bayern München	1991	SV Werder Bremen
1967	FC Bayern München	1992	Hannover 96
1968	1. FC Köln	1993	Bayer 04 Leverkusen
1969	FC Bayern München	1994	SV Werder Bremen
1970	Kickers Offenbach	1995	Borussia Mönchengladbach
1971	FC Bayern München	1996	1. FC Kaiserslautern
1972	FC Schalke 04	1997	VfB Stuttgart
1973	Borussia Mönchengladbach	1998	FC Bayern München
1974	Eintracht Frankfurt	1999	SV Werder Bremen
1975	Eintracht Frankfurt	2000	FC Bayern München
1976	Hamburger SV	2001	FC Schalke 04
1977	1. FC Köln	2002	FC Schalke 04
1978	1. FC Köln	2003	FC Bayern München
1979	Fortuna Düsseldorf	2004	SV Werder Bremen
1980	Fortuna Düsseldorf	2005	FC Bayern München
1981	Eintracht Frankfurt	2006	FC Bayern München
1982	FC Bayern München	2007	1. FC Nürnberg
1983	1. FC Köln	2008	FC Bayern München
1984	FC Bayern München	2009	SV Werder Bremen
1985	Bayer 05 Uerdingen	2010	FC Bayern München
1986	FC Bayern München	2011	FC Schalke 04
1987	Hamburger SV	2012	Borussia Dortmund
1988	Eintracht Frankfurt	2013	FC Bayern München

1994 sorgten die Spieler des TSV Vestenbergsgreuth für eine Sensation: Sie schlugen die Bayern mit 1 : 0.

Manager verbeult den Pokal

2002 verteidigte der FC Schalke 04 den DFB-Pokal und feierte den Sieg. Bei der Triumphfahrt durch Gelsenkirchen zeigte Manager Rudi Assauer den Fans den Pokal – und ließ ihn vom Festwagen fallen. Verbogen wurde er ihm zurück auf den Wagen gereicht. Nachdem der schiefe Pott eine Zeit lang im Vereinsmuseum besichtigt werden konnte, wurde er für ca. 32 000 Euro repariert.

Österreich und Schweiz

In Österreich heißt die höchste Spielklasse „tipp3-Bundesliga powered by T-Mobile". Der Namenssponsor ist eine wichtige Einnahmequelle – das gilt auch in der Schweiz: Die besten Vereine kämpfen hier in der „Raiffeisen Super League" um den Meistertitel. Zehn Klubs treten jeweils in den beiden Ligen an. Alle Teams spielen viermal gegeneinander – in je zwei Heim- und zwei Auswärtsspielen.

Top-Vereine in Österreich

Der FC Red Bull Salzburg gewann seit 2007 viermal die österreichische Meisterschaft und ist damit ein starker Gegner für die Wiener Traditionsvereine Rapid und Austria. Auch ganz vorn in der Tabelle mischt der SK Puntigamer Sturm Graz mit, der 2011 Meister wurde. Insgesamt liegt der SK Rapid Wien mit bisher 32 Meistertiteln vor dem FK Austria Wien (24 Meisterschaften), der aber beim nationalen Pokal mit 27 Siegen die Nase vorn hat. 2013 sicherte sich Austria Wien die Meisterschaft vor dem FC Red Bull Salzburg, verlor aber im ÖFB-Samsung-Cup-Endspiel gegen den FC Pasching (Regionalliga) und verpasste damit sein elftes Double.

Österreichische Meister seit 2005

2013	FK Austria Wien
2012	FC Red Bull Salzburg
2011	SK Puntigamer Sturm Graz
2010	FC Red Bull Salzburg
2009	FC Red Bull Salzburg
2008	SK Rapid Wien
2007	FC Red Bull Salzburg
2006	FK Austria Magna
2005	SK Rapid Wien

2013 konnten sich die Grasshoppers nach ihrem Finalsieg gegen den FC Basel über den Schweizer Cup freuen.

Spitzenspieler aus Österreich

Österreichische Fußballer sind über die Landesgrenzen hinaus erfolgreich. In der deutschen Bundesliga machten sich zum Beispiel Toni Polster (1. FC Köln, Borussia Mönchengladbach) und Andi Herzog (Werder Bremen, FC Bayern München) einen Namen. Aktuell begeistern unter anderem David Alaba (FC Bayern München), Martin Harnik (VfB Stuttgart), der auch die deutsche Staatsbürgerschaft besitzt, und Marko Arnautović (Werder Bremen) die Bundesligazuschauer. Alle drei sind auch im Kader der österreichischen Nationalmannschaft.

Zwei Österreicher in Deutschland: David Alaba und Martin Harnik (Januar 2013).

Schweizerische Titelsammler 1899–2013

Grasshopper Club Zürich	27 x Meister
Servette Genf	17 x Meister
FC Basel	16 x Meister
FC Zürich	12 x Meister
BCS Young Boys	11 x Meister

Rekordmeister der Schweiz

Die Geschichte des Rekordmeisters Grasshopper Club Zürich reicht zurück bis ins Jahr 1886. Damals setzte sich der Engländer Tom E. Griffith, der zur Ausbildung in Zürich war, für die Vereinsgründung ein. Aktuell dominiert jedoch ein anderer Klub die Liga: Der FC Basel gewann zwischen 2002 und 2013 acht Meistertitel. Im nationalen Pokalwettbewerb, dem Schweizer Cup, erlitten die Baseler 2013 jedoch eine Niederlage gegen die Grasshoppers. So feierten die Grasshoppers ihren 19. Cupsieg. Außerdem sehr erfolgreich spielt der FC Zürich mit drei Meisterschaftssiegen seit 2006.

Kleines Land mit großen Stars

Fußballstars aus der Schweiz nehmen am internationalen Vereinsfußball mit Erfolg teil. Stéphane Chapuisat zum Beispiel wurde mit Borussia Dortmund zweimal Deutscher Meister und 1997 Champions-League- und Weltpokal-Sieger. In der Schweiz gewann er 2001 die Meisterschaft mit dem Grasshopper Club Zürich. Ciriaco Sforza hatte mit den Grasshoppers bereits den nationalen Pokal und die Meisterschaft geholt, als er 1996 UEFA-Cup-Sieger mit dem FC Bayern München wurde. In den Jahren danach erkämpfte er mit dem 1. FC Kaiserslautern die Deutsche Meisterschaft und mit dem FC Bayern München zwei weitere Titel: 2000 den DFB-Pokal und 2001 die Meisterschaft. Im selben Jahr siegte er mit den Bayern in der Champions League und im Weltpokal.

Die Frauen-Bundesliga

1990 startete die Frauen-Bundesliga in Deutschland zunächst in zwei Gruppen: Nord und Süd ermittelten die besten Teams und schließlich die Gesamtsiegerinnen. Seit 1997 wird die Meisterschaft eingleisig (→ S. 136) ausgespielt: Zwölf Teams treten jeweils in Hin- und Rückspiel gegeneinander an. Die Erfolge der deutschen Frauen-Nationalmannschaft kamen auch der Frauen-Bundesliga zugute – das Interesse an den Spielen wuchs. Die Gehälter der Fußballerinnen liegen jedoch nach wie vor deutlich unter denen ihrer männlichen Kollegen.

Alexandra Krieger vom 1. FFC Frankfurt (Mitte) feiert mit ihren Teamkolleginnen den DFB-Pokalsieg 2011. Sieben Meistertitel, acht DFB-Pokalsiege und drei internationale Siege (→ S. 96) kann die Mannschaft des 1. FFC Frankfurt für sich verzeichnen.

Die besten Klubs

Die Frauen vom 1. FFC Frankfurt sind Rekordsiegerinnen: Seit Einführung der eingleisigen Bundesliga gewannen sie sieben Meisterschaften und achtmal den DFB-Pokal. Dicht auf den Fersen ist dem Verein der 1. FFC Turbine Potsdam mit bislang sechs Meisterschaften und drei Pokalsiegen seit 1998. Beide Klubs haben auch im UEFA-Pokal bzw. in der Women's Champions League (→ S. 96 f.) bereits Erfolge gefeiert.

Meisterinnen und DFB-Pokalsiegerinnen

	Deutscher Meister	DFB-Pokal-Sieger
2013	VfL Wolfsburg	VfL Wolfsburg
2012	1. FFC Turbine Potsdam	FC Bayern München
2011	1. FFC Turbine Potsdam	1. FFC Frankfurt
2010	1. FFC Turbine Potsdam	FCR 2001 Duisburg
2009	1. FFC Turbine Potsdam	FCR 2001 Duisburg
2008	1. FFC Frankfurt	1. FFC Frankfurt
2007	1. FFC Frankfurt	1. FFC Frankfurt
2006	1. FFC Turbine Potsdam	1. FFC Turbine Potsdam
2005	1. FFC Frankfurt	1. FFC Turbine Potsdam
2004	1. FFC Turbine Potsdam	1. FFC Turbine Potsdam
2003	1. FFC Frankfurt	1. FFC Frankfurt
2002	1. FFC Frankfurt	1. FFC Frankfurt
2001	1. FFC Frankfurt	1. FFC Frankfurt
2000	FCR Duisburg	1. FFC Frankfurt
1999	1. FFC Frankfurt	1. FFC Frankfurt
1998	FSV Frankfurt	FCR Duisburg

Yuki Ogimi im DFB-Pokalfinale 2013 gegen den VfL Wolfsburg.

Yuki Ogimi

Position: Angriff
Geboren am: 15.07.1987 in Tokio (Japan)
Größe: 1,68 m
Vereine:
Bis 2000 Menina NTV (Japan)
2000 – 2009 NTV Beleza (Japan)
Seit 2010 1. FFC Turbine Potsdam
Nationalmannschaft: Japan
Erfolge (Auswahl):
2011 Weltmeisterin; 2012 Olympische Silbermedaille; 2005, 2006, 2008, 2009 Emperor's Cup Champion (nationaler Pokalwettbewerb in Japan); 2002, 2005, 2006, 2007, 2008 Japanische Meisterin; 2010, 2011, 2012 Deutsche Meisterin; 2010 Champions-League-Siegerin

Torschützenköniginnen seit 2000

2013	Yuki Ogimi, 1. FFC Turbine Potsdam	18
2012	Genoveva Anonma, 1. FFC Turbine Potsdam	22
2011	Conny Pohlers, 1. FFC Frankfurt	25
2010	Inka Grings, FCR 2001 Duisburg	28
2009	Inka Grings, FCR 2001 Duisburg	29
2008	Inka Grings, FCR 2001 Duisburg	26
2007	Birgit Prinz, 1. FFC Frankfurt	28
2006	Conny Pohlers, 1. FFC Turbine Potsdam	36
2005	Shelley Thompson, FCR 2001 Duisburg	30
2004	Kerstin Garefrekes, FFC Heike Rheine	26
2003	Inka Grings, FCR 2001 Duisburg	20
2002	Conny Pohlers, 1. FFC Turbine Potsdam	27
2001	Birgit Prinz, 1. FFC Frankfurt	24
2000	Inka Grings, FCR 2001 Duisburg	38

Bundesliga ist kein Mädchensport.
Klaus Augenthaler

Von wegen, Herr Augenthaler: 2012 waren
1 077 215
Mitglieder des DFB weiblich.

Den Wolfsburgerinnen gelang 2013 eine großartige Leistung: Sie gewannen das Triple aus Meisterschaft, DFB-Pokal und Women's Champions League. Doch sie waren damit nicht die Ersten: Der 1. FFC Frankfurt holte das Triple bereits 2002 und 2008.

Maskottchen

Viele Vereine haben einen Glücksbringer, ein Maskottchen, das auch Markenzeichen des Klubs ist. Fußball-Maskottchen tauchen als Stimmungsmacher im Stadion auf und als Fanartikel an den Verkaufsständen. Beliebte Figuren sind Tiere – und das nicht nur bei der deutschen Nationalmannschaft mit ihrem Adler Paule, sondern auch bei vielen Vereinen. Manche Klubs haben das gleiche Tier in ihrem Wappen.

Wappentier und Maskottchen (Auswahl)

Verein	Tier	Maskottchenname
1. FC Köln	Geißbock	Hennes
Bayer 04 Leverkusen	Löwe	Brian the Lion
Eintracht Frankfurt	Adler	Attila
Eintracht Braunschweig	Löwe	Leo
MSV Duisburg	Zebra	Ennatz

Geißbock Hennes

Die meisten Vereinsmaskottchen sind erfundene Figuren. Am Spieltag schlüpft ein Mensch in ein entsprechendes Kostüm aus Plüsch und sorgt bei den Fans für Stimmung. Der Kölner Geißbock Hennes jedoch ist ein echtes Tier. Der erste „Hennes" wurde dem Klub im Februar 1950 als Karnevalsscherz geschenkt. Seinen Namen hat er von Hennes Weisweiler, der die Mannschaft damals trainierte und auch selbst spielte. Inzwischen ist Hennes VIII im Einsatz.
Auch Eintracht Frankfurt hat ein echtes Tier als Glücksbringer, den Steinadler Attila.

Weitere tierische Maskottchen (Auswahl)

Verein	Maskottchen
Alemannia Aachen	Kartoffelkäfer Al-Aix
Borussia Dortmund	Biene Emma
Borussia Mönchengladbach	Fohlen Jünter
FC Bayern München	Bär Berni
SC Freiburg	Fuchs Füchsle
SC Rot-Weiß Oberhausen	Hund Underdog
TSG 1899 Hoffenheim	Elch Hoffi
VfB Stuttgart	Krokodil Fritzle
VfL Wolfsburg	Wolf Wölfi

Andere europäische Ligen

Primera División

Seit 1929 wird in Spanien in der höchsten Spielklasse – der Primera División – um die Meisterschaft gekämpft. Und die Fans fiebern leidenschaftlich mit. Mit der Copa del Rey hat der spanische Fußball zudem einen traditionsreichen nationalen Pokalwettbewerb.

Aus Anerkennung für ihr siegreiches, unterhaltsames Spiel bekam Rekordmeister Real Madrid die Spitznamen „das weiße Ballett" und „die Galaktischen" verliehen.

El Clásico

Zwei Klubs beherrschen den spanischen Fußball: Real Madrid und der FC Barcelona. Wenn die beiden Top-Teams aufeinandertreffen, gilt das als „El Clásico", der Klassiker. Die Vereine liefern sich regelmäßig starke Duelle. „Die Königlichen", wie Real Madrid auch genannt wird, und „Barça" sind von Anfang an dabei und noch nie abgestiegen. Außer den beiden schaffte das auch Liga-Gründungsmitglied Athletic Bilbao. Die meisten Meisterschaften hinter Real Madrid und Barcelona gewann bisher Reals Lokalrivale Atlético Madrid. Diese Erfolge liegen jedoch schon einige Zeit zurück. 2013 triumphierte Atlético Madrid im Copa del Rey-Endspiel gegen Real und gewann den Pokal.

Europäische Spitze

Der erfolgreichste Klub Europas kommt aus Spanien: Im Vergleich mit den besten europäischen Spitzenteams konnte Real Madrid bisher die meisten Titel in der UEFA Champions League (inklusive Vorgängerwettbewerb Europapokal der Landesmeister) gewinnen. Der FC Barcelona spielt international ebenfalls ganz vorne mit – in den letzten Jahren sogar stärker als der Konkurrent aus Madrid (→ S. 88 ff.). Siege im UEFA-Pokal bzw. in der UEFA Europa League errangen zudem der FC Sevilla, Atlético Madrid und der FC Valencia.

Internationale Top-Stars

Stars aus der ganzen Welt kickten und kicken für die spanischen Spitzenvereine – bei Real Madrid zum Beispiel David Beckham, Mesut Özil, Sami Khedira und Cristiano Ronaldo. Für den FC Barcelona standen Johan Cruyff und Luis Figo auf den Platz, Diego Maradona und Samuel Eto'o. Figo wechselte anschließend zu Real Madrid, Eto'o hatte zuvor auch schon bei Real gespielt. Außerdem haben die spanischen Spitzenteams herausragende Spieler aus dem eigenen Nachwuchs – wie Lionel Messi, Xavi Hernández und Andrés Iniesta vom FC Barcelona (→ S. 57).

Liga-Torschützenkönige

2013	Lionel Messi, FC Barcelona	46 Tore
2012	Lionel Messi, FC Barcelona	50 Tore
2011	Cristiano Ronaldo, Real Madrid	40 Tore
2010	Lionel Messi, FC Barcelona	34 Tore
2009	Diego Forlán, Atlético Madrid	32 Tore
2008	Daniel Güiza, RCD Mallorca	27 Tore
2007	Ruud van Nistelrooy, Real Madrid	25 Tore
2006	Samuel Eto'o, FC Barcelona	26 Tore
2005	Diego Forlán, FC Villarreal	25 Tore
2004	Ronaldo, Real Madrid	24 Tore

Land: Spanien
Offizieller Liga-Name: Liga BBVA
Anzahl der Teams: 20
Ab-/Aufsteiger: 3 pro Saison

Rekord-Titeljäger

Klub	Meisterschaften	Copa del Rey
Real Madrid	32	18
FC Barcelona	22	26
Atlético Madrid	9	10
Athletic Bilbao	8	23
FC Valencia	6	7
Real Sociedad	2	2
FC Sevilla	1	5
Deportivo La Coruña	1	2
Betis Sevilla	1	2

El-Clásico-Zweikampf: Wenn die erfolgreichsten spanischen Klubs aufeinandertreffen, schauen nicht nur die Spanier gebannt zu. Hier kämpfen Barcelonas Andrés Iniesta und Real Madrids Sami Khedira während eines Ligaspiels im April 2012 um den Ball.

Premier League

Die erste Fußballliga der Welt startete 1888 in England. 1992 spalteten sich 22 Spitzenklubs ab und gründeten die „FA Premier League“ als höchste englische Spielklasse. Inzwischen wurde die Zahl der teilnehmenden Vereine auf 20 reduziert und die „Premier League“ wird von begeisterten Fans rund um die Welt mit Spannung verfolgt. Ebenfalls aus England stammt der älteste nationale Pokalwettbewerb: Der FA Cup (→ S. 8) wird bereits seit 1871/72 ausgetragen.

The Big Four

„Die großen Vier“ der englischen Vereine – Manchester United, FC Chelsea, FC Arsenal und FC Liverpool – teilten eine Zeit lang die ersten vier Tabellenplätze am Saisonende unter sich auf. Doch inzwischen ist die Vormachtstellung der Big Four gebrochen: Auch andere Teams wie Manchester City, Tottenham Hotspur und FC Everton spielen vorne mit im Kampf um die Meisterschaft und um die Berechtigung zur Teilnahme an den internationalen europäischen Vereinswettbewerben.

Mit 2 : 1 gegen den FC Liverpool hatte der FC Chelsea im FA-Cup-Finale 2012 die Nase vorn.

Weltklassespieler

In der Premier League werden Spitzengehälter gezahlt, mit denen die finanzstarken Top-Vereine Starspieler aus der ganzen Welt anwerben. Zudem bauen die Klubs selbst Spieler mit Weltklasseniveau auf. Ausnahmetalent David Beckham kickte beispielsweise schon als Jugendlicher bei Manchester United, wo auch seine Profikarriere begann. Bei seinem Wechsel 2003 zu Real Madrid für eine Transfersumme von 35 Millionen Euro galt Beckham bei Medien und Fans bereits als Mega-Star: Seine Ankunft bei den Madrilenen wurde live in 63 Länder übertragen.

Top im europäischen Vergleich

Ende der 1960er- bis Mitte der 1980er-Jahre feierten englische Vereine viele Triumphe auf europäischer Ebene. Nach schweren Ausschreitungen durch englische Hooligans beim Finale im Europapokal der Landesmeister 1985 (→ S. 93) wurden die englischen Klubs für mehrere Jahre von der Teilnahme an europäischen Wettbewerben ausgeschlossen. Erst ab 1999 gelang es Manchester United, dem FC Liverpool und dem FC Chelsea, weitere Titel in der UEFA Champions League und im UEFA-Pokal bzw. der UEFA Europa League nach England zu holen.

Rekord-Titeljäger

Klub	Meisterschaften	FA Cup
Manchester United	20	11
FC Liverpool	18	7
FC Arsenal	13	10
FC Everton	9	5
Aston Villa	7	7
AFC Sunderland	6	2
FC Chelsea	4	7
Newcastle United	4	6
Sheffield Wednesday	4	3

Liga-Torschützenkönige

2013	Robin van Persie, Manchester United	26 Tore
2012	Robin van Persie, FC Arsenal	30 Tore
2011	Dimitar Berbatov, Manchester United Carlos Tévez, Manchester City	21 Tore
2010	Didier Drogba, FC Chelsea	29 Tore
2009	Nicolas Anelka, FC Chelsea	19 Tore
2008	Cristiano Ronaldo, Manchester United	31 Tore
2007	Didier Drogba, FC Chelsea	20 Tore
2006	Thierry Henry, FC Arsenal	27 Tore
2005	Thierry Henry, FC Arsenal	25 Tore
2004	Thierry Henry, FC Arsenal	30 Tore

Land: England
Offizieller Liga-Name: Barclays Premier League
Anzahl der Teams: 20
Ab-/Aufsteiger: 3 pro Saison

Serie A

Die italienische Serie A zählt ebenfalls zu den europäischen Spitzenligen. Allerdings erschütterten mehrfach Wett- und Bestechungsskandale die Liga, und gewaltbereite Fans sorgten zusätzlich für sinkende Zuschauerzahlen in den Stadien. Seit 1898 werden in Italien Fußballmeister ermittelt, aber 1929/30 wurde die Meisterschaft erstmals in einer Liga ausgespielt. Zunächst gab es nur die höchste Spielklasse. Der nationale Pokalwettbewerb Italiens, die Coppa Italia, fand erstmals 1922 statt.

Scudetti und eine alte Dame

Um den „Scudetto" (so wird der italienische Meistertitel auch genannt) kämpfen Traditionsvereine wie Juventus Turin, SSC Neapel, AC Mailand, Inter Mailand, AS Rom, Lazio Rom, CFC Genua und andere Klubs mit langer Geschichte und begeisterten Anhängern. Die Titel von 2005 und 2006 wurden Juventus nachträglich aberkannt, nachdem herausgekommen war, dass der damalige Juve-Manager Luciano Moggi Spiele durch Absprachen mit Schiedsrichtern beeinflusst hatte. Juventus musste in die zweite Liga absteigen und Inter Mailand bekam den Titel von 2006 zugesprochen. Dennoch hält die „alte Dame" Juventus Turin mit 29 Serie-A-Meisterschaften und 9 Coppa-Italia-Siegen den Titelrekord.

Mailand oder Madrid, Hauptsache Italien!
Andreas Möller

2013 feierte die „alte Dame" Juventus Turin zum 29. Mal die Meisterschaft.

Rekord-Titeljäger

Klub	Meisterschaften	Coppa Italia
Juventus Turin	29	9
Inter Mailand	18	7
AC Mailand	18	5
CFC Genua	9	1
FC Turin	7	5
FC Bologna	7	2
FC Pro Vercelli	7	–
AS Rom	3	9

Liga-Torschützenkönige

2013	Edinson Cavani, SSC Neapel	29 Tore
2012	Zlatan Ibrahimovic, AC Mailand	28 Tore
2011	Antonio Di Natale, Udinese Calcio	28 Tore
2010	Antonio Di Natale, Udinese Calcio	29 Tore
2009	Zlatan Ibrahimovic, Inter Mailand	25 Tore
2008	Alessandro Del Piero, Juventus Turin	21 Tore
2007	Francesco Totti, AS Rom	26 Tore
2006	Luca Toni, AC Florenz	31 Tore
2005	Cristiano Lucarelli, AS Livorno	24 Tore
2004	Andriy Shevchenko, AC Mailand	24 Tore

Land: Italien
Offizieller Liga-Name: Lega Nazionale Professionisti Serie A TIM
Anzahl der Teams: 20
Ab-/Aufsteiger: 3 pro Saison

Spitzenspieler

Die italienische Liga hat viele großartige Spieler hervorgebracht – die Torwartlegenden Gianluigi „Gigi" Buffon und Dino Zoff gehören dazu, sowie Alessandro Del Piero und Francesco Totti. Wie auch die anderen großen Ligen zieht die Serie A zudem Stars aus der ganzen Welt an: Lothar Matthäus beispielsweise kickte für Inter Mailand, Diego Maradona für den SSC Neapel, Zlatan Ibrahimoviç verstärkte das Team von Juventus Turin, Inter und AC Mailand.

Der deutsche Nationalspieler Miroslav Klose erzielte 2012/13 in der Serie A für Lazio Rom 15 Tore in 29 Spielen.

In Europa weit vorne

Schon seit Jahren sichern italienische Vereine sich einen Platz an der Spitze des europäischen Fußballs und konnten zahlreiche Titel gewinnen. Mit dem AC Mailand, Inter Mailand und Juventus Turin triumphierten drei Klubs mehrfach in der UEFA Champions League bzw. im Europapokal der Landesmeister. Auch in der UEFA Europa League und im Vorläuferwettbewerb UEFA-Pokal haben Inter und Juve Erfolge gefeiert, der SSC Neapel konnte einen Titel für sich verbuchen und der FC Parma zweimal die Trophäe entgegennehmen.

Spanien

Meister seit 2000

2013	FC Barcelona
2012	Real Madrid
2011	FC Barcelona
2010	FC Barcelona
2009	FC Barcelona
2008	Real Madrid
2007	Real Madrid
2006	FC Barcelona
2005	FC Barcelona
2004	FC Valencia
2003	Real Madrid
2002	FC Valencia
2001	Real Madrid
2000	Deportivo La Coruña

Internationale Titel (Auswahl)

UEFA Champions League*	**13 Titel**
Real Madrid	1956, 1957, 1958, 1959, 1960, 1966, 1998, 2000, 2002
FC Barcelona	1992, 2006, 2009, 2011
UEFA Europa League*	**7 Titel**
Real Madrid	1985, 1986
FC Sevilla	2006, 2007
Atlético Madrid	2010, 2012
FC Valencia	2004

England

Meister seit 2000

2013	Manchester United
2012	Manchester City
2011	Manchester United
2010	FC Chelsea
2009	Manchester United
2008	Manchester United
2007	Manchester United
2006	FC Chelsea
2005	FC Chelsea
2004	FC Arsenal
2003	Manchester United
2002	FC Arsenal
2001	Manchester United
2000	Manchester United

Internationale Titel (Auswahl)

UEFA Champions League*	**12 Titel**
FC Liverpool	1977, 1978, 1981, 1984, 2005
Manchester United	1968, 1999, 2008
Nottingham Forrest	1979, 1980
Aston Villa	1982
FC Chelsea	2012
UEFA Europa League*	**7 Titel**
FC Liverpool	1973, 1976, 2001
Tottenham Hotspur	1972, 1984
Ipswich Town	1981
FC Chelsea	2013

Italien

Meister seit 2000

2013	Juventus Turin
2012	Juventus Turin
2011	AC Mailand
2010	Inter Mailand
2009	Inter Mailand
2008	Inter Mailand
2007	Inter Mailand
2006	Inter Mailand
2005	Titel nicht vergeben
2004	AC Mailand
2003	Juventus Turin
2002	Juventus Turin
2001	AS Rom
2000	Lazio Rom

Internationale Titel (Auswahl)

UEFA Champions League*	**12 Titel**
AC Mailand	1963, 1969, 1989, 1990, 1994, 2003, 2007
Inter Mailand	1964, 1965, 2010
Juventus Turin	1985, 1996
UEFA Europa League*	**9 Titel**
Juventus Turin	1977, 1990, 1993
Inter Mailand	1991, 1994, 1998
FC Parma	1995, 1999
SSC Neapel	1989

*** und Vorläuferwettbewerbe**

Internationale Vereinswettbewerbe

Die Champions League

Sie ist die „Königsklasse" – und wohl jede europäische Spitzen-Vereinsmannschaft träumt vom Sieg in der Champions League. Hoch motivierte Weltklassespieler stehen sich auf dem Platz gegenüber, denn der Gewinn dieses Wettbewerbs hat für jeden von ihnen einen enormen Stellenwert. Millionen Zuschauer verfolgen die Spiele vor den Fernsehschirmen und Tausende Fans begleiten ihre Teams quer über den Kontinent.

Die Anfänge

Welche Vereinsmannschaft ist die beste Europas? Das wollte der französische Sportjournalist Gabriel Hanot von der Zeitung L'Équipe bereits 1954 durch einen Wettbewerb herausfinden. Die Idee für den Europapokal der Landesmeister war geboren. Erstmals ausgetragen 1955/56, wurde er zum Vorläufer der UEFA Champions League, wie der Wettbewerb seit 1992 heißt.

Real Madrid feiert den Gewinn der Champions League 2002.

Raúl am Ball – 2003 im dritten Zwischenrundenspiel gegen Borussia Dortmund.

Raúl Gonzáles Blanco

Keiner hatte so viele Einsätze in der Champions League, keiner traf so oft wie er: In 142 Spielen versenkte der Spanier den Ball 71 Mal im Netz. Mit der Mannschaft von Real Madrid gewann Raúl den Wettbewerb drei Mal. Für den FC Schalke 04 erzielte er in der Saison 2010/11 fünf Tore in zwölf Spielen. Die Schalker schafften es ins Halbfinale.

Real Madrid

Die Spanier gewannen 1956 bis 1960 die ersten fünf Austragungen des Europapokals der Landesmeister und erzielten 1966 ihren sechsten Erfolg. In der Champions League siegten sie 1998, 2000 und 2002. Besonders bitter war Reals Triumph 2002 für die Mannschaft von Bayer 04 Leverkusen, die im Finalmatch unterlag. Denn Leverkusen war zuvor auch in der Bundesliga Vizemeister geworden und hatte das Endspiel im DFB-Pokal ebenfalls verloren.

Wer darf teilnehmen?

Die UEFA bewertet die Ergebnisse der europäischen Vereinswettbewerbe Champions League und Europa League (→ S. 94 f.) der letzten fünf Spielzeiten. Danach vergibt sie Punkte an die Verbände der einzelnen Länder. Die zwölf nationalen Ligen mit den meisten Punkten dürfen ihre Meister direkt in den Wettbewerb schicken. Außerdem dabei sind die Vizemeister der sechs stärksten Ligen und die Drittplatzierten der besten drei Ligen. Auch der Titelverteidiger vom Vorjahr spielt wieder mit. Wenn er bereits durch die Fünf-Jahreswertung der UEFA gesetzt ist, rückt der Meister der dreizehnten Liga nach. Hinzu kommen zehn weitere Mannschaften, die sich in Vorrunden qualifizieren.
Das macht zusammen 32 Teams, die in der Gruppenphase der Champions League gegeneinander antreten. Die 16 besten von ihnen erreichen die anschließenden K.-o.-Runden.

FC Bayern München

1974 holte die Mannschaft um Franz Beckenbauer, Sepp Maier, Paul Breitner, Uli Hoeneß und Rekordtorjäger Gerd Müller den Europapokal der Landesmeister erstmals nach Deutschland. Auch in den beiden Folgejahren triumphierte der FC Bayern München.
Eine bittere Niederlage erlitten die Bayern im Finale 1999 gegen Manchester United (→ S. 90).
2001 trafen die Münchner dann in einem packenden Finale auf den FC Valencia und es kam zum dramatischen Elfmeterschießen. Bayern-Torwart Oliver Kahn hielt drei Elfmeter und sicherte seinem Klub den Champions-League-Titel.
2012 standen die Bayern im Endspiel gegen den FC Chelsea, und zwar im eigenen Stadion. Nie zuvor hatte eine Mannschaft die Champions League vor heimischer Kulisse gewonnen. Wieder kam es in einem spannenden Match zum Elfmeterkrimi. Doch dieses Mal hielten am Ende die Stars des FC Chelsea den Pokal in ihren Händen – zum ersten Mal in der Vereinsgeschichte.

2013 standen mit Borussia Dortmund und dem FC Bayern München erstmals zwei deutsche Teams im Champions-League-Finale. Dortmund hatte im Halbfinale Real Madrid geschlagen und die Bayern den FC Barcelona. Mit einem 2 : 1 gelang den Bayern ihr fünfter Champions-League-Sieg und sie holten – mit Meisterschaft und DFB-Pokal – das Triple (→ S. 71).

Die UEFA

Die UEFA (offiziell französisch: „Union des Associations Européennes de Football“) ist der europäische Fußballverband. Er wurde 1954 gegründet und hat seinen Sitz in der Schweiz. Mitglieder der UEFA sind heute 53 Verbände einzelner Länder, von denen ein paar geografisch gar nicht in Europa liegen (Israel, Armenien, Georgien, Aserbaidschan, Kasachstan).
Die UEFA führt zahlreiche Fußballwettbewerbe durch. Neben der Champions League gehören auch die Europa League (→ S. 94 f.) und die Europameisterschaft (→ S. 112 ff.) dazu.

Manchester United

Drei Siege kann Manchester United (ManU) bisher für sich verbuchen: 1968, 1999 und 2008. Besonders schmerzhaft im Gedächtnis geblieben ist vielen Fans vom FC Bayern München das Champions-League-Finale 1999 gegen die Engländer: Die Münchner führten nach einem Freistoßtor von Mario Basler in der sechsten Minute mit 1 : 0 und konnten diesen Vorsprung über die reguläre Spielzeit halten. Der Erfolg schien ihnen sicher, Basecaps mit der Aufschrift „Champions-League-Sieger 1999 – FC Bayern München“ wurden zur Mannschaftsbank gebracht und verteilt. Doch in der Nachspielzeit geschah das Unglaubliche: Die Kicker von Manchester United schossen noch zwei Tore! Fassungslos und tief enttäuscht mussten die Bayern das Spiel verloren geben.

Die ManU-Spieler 2008 nach dem Finale gegen Chelsea in Moskau.

Die Barcelona-Spieler feiern ihren Trainer Pep Guardiola nach dem 3 : 1-Sieg gegen Manchester United im Finale 2011.

FC Barcelona

1992 feierte Josep „Pep" Guardiola den Triumph des FC Barcelona als Spieler unter Trainer Johan Cruyff. 2009 führte er Barcelona als Trainer zum Champions-League-Finalsieg gegen Manchester United. Damit gewann sein Team das Triple aus spanischer Meisterschaft, spanischem Pokal (Copa del Rey) und Champions League. Guardiolas Spieler konnten den Champions-League-Erfolg gegen Manchester United in Kombination mit der Meisterschaft 2011 wiederholen.

Auch 2006 war der FC Barcelona erfolgreich. Mit dabei: der argentinische Offensivspieler Lionel Messi. Messi wurde 2009 zum torgefährlichsten Spieler des Wettbewerbs und mit 9 Treffern Torschützenkönig. Ein Titel, den er sich auch in den Folgejahren erkämpfte.

Bitte nennen Sie mich nicht arrogant, aber ich bin Champions-League-Sieger und jemand Besonderes.

José Mourinho

Sir Föhn

Der ehemalige Manchester-United-Trainer Sir Alex Ferguson hat einen besonderen Spitznamen: Die Engländer nennen ihn „Föhn". Wenn er auf einen Spieler sauer war, stellte er sich angeblich ganz dicht vor ihn und brüllte ihn heftig an. Im Luftstrom konnte man sich die Haare trocknen! Nach dem Gewinn des Triples 1999 (Meisterschaft, FA-Cup und Champions League) wurde Ferguson von der Queen zum Ritter geschlagen, 2013 beendete er seine Trainerkarriere.

Torschützenkönige der Champions League

2013	Cristiano Ronaldo (Real Madrid)	12
2012	Lionel Messi (FC Barcelona)	14
2011	Lionel Messi (FC Barcelona)	12
2010	Lionel Messi (FC Barcelona)	8
2009	Lionel Messi (FC Barcelona)	9
2008	Cristiano Ronaldo (Manchester United)	8
2007	Kaká (AC Mailand)	10
2006	Andriy Shevchenko (AC Mailand)	9
2005	Ruud van Nistelrooy (Manchester United)	8
2004	Fernando Morientes (AS Monaco)	9
2003	Ruud van Nistelrooy (Manchester United)	12
2002	Ruud van Nistelrooy (Manchester United)	10

Ajax Amsterdam

1971 bis 1973 dominierten die Niederländer um Fußballlegende Johan Cruyff den Europapokal der Landesmeister und gewannen drei Jahre in Folge. Im Finale 1995 schoss das junge Team von Trainer Louis van Gaal überraschend den Titelverteidiger AC Mailand ins Aus.

Die Trophäe

Der erste Pokal wurde 1966 dauerhaft an Real Madrid überreicht. Danach ließ die UEFA einen „Pott" im neuen Design entwerfen. Wer den Wettbewerb drei Mal hintereinander oder fünf Mal insgesamt gewonnen hatte, durfte die Trophäe behalten. Darum besitzen auch Ajax Amsterdam, Bayern München, der AC Mailand und der FC Liverpool ein Original. Inzwischen wurden die Regeln geändert: Die Trophäe bleibt bei der UEFA und derart erfolgreiche Vereine erhalten eine besondere Auszeichnung.

AC Mailand

1963 brachte der Verein den Titelgewinn erstmals nach Italien. Der Brasilianer José Altafini, Stürmer bei den Mailändern, wurde mit 14 Treffern Torschützenkönig des Wettbewerbs. Erst in der Saison 2011/12 konnte Lionel Messi (FC Barcelona) diesen Rekord wiederholen.

Ein zweites Mal war der italienische Klub 1969 erfolgreich. Danach dauerte es 20 Jahre, bis die Mailänder 1989 den nächsten Triumph im Europapokal der Landesmeister feiern durften. Ein Jahr später, 1990, verteidigten sie den Titel. Weitere Siege folgten in der Champions League 1994 – mit 4 : 0 gegen das favorisierte Team vom FC Barcelona – und 2003.

2005 verlor der Verein gegen den FC Liverpool in einem dramatischen Spiel mit Verlängerung und Elfmeterschießen. Die Chance zur Revanche bekamen die Italiener zwei Jahre später. Und die Mailänder nutzten sie: Sie besiegten den FC Liverpool im Endspiel 2007 mit 2 : 1 und sicherten sich ihren siebten Titel.

Mailands Filippo Inzaghi feiert sein Tor gegen Liverpool im Finale 2007.

Die meisten Siege seit 1955/56

1.	Real Madrid	9
2.	AC Mailand	7
3.	FC Liverpool	5
	FC Bayern München	5
4.	Ajax Amsterdam	4
	FC Barcelona	4

6 Fußballer konnten den Wettbewerb bisher als Spieler und später als Trainer gewinnen: Miguel Muñoz, Giovanni Trapattoni, Johan Cruyff, Frank Rijkaard, Carlo Ancelotti und Josep Guardiola.

FC Liverpool

Vier Titel gewann der FC Liverpool zwischen 1977 und 1984. Auch 1985 standen die Engländer im Endspiel. Doch vor Beginn des Matchs gegen Juventus Turin im Brüsseler Heysel-Stadion kam es zu einer unfassbaren Katastrophe: Englische Hooligans stürmten den Block der Juve-Fans, Panik brach aus, 39 Menschen starben, es gab sehr viele Verletzte. Der FC Liverpool wurde daraufhin sieben Jahre, andere englische Klubs fünf Jahre lang für europäische Vereinswettbewerbe gesperrt. Erst 2005 konnten die Liverpooler den Pokal nach einem packenden Endspiel gegen den AC Mailand endlich wieder in Händen halten.

21 Jahre nach seinem letzten Triumph im Europapokal der Landesmeister konnte der FC Liverpool 2005 wieder jubeln.

Die Europa League

In der UEFA Europa League haben auch europäische Vereine, die nicht auf den vordersten nationalen Ligaplätzen stehen, die Möglichkeit, sich einem großen Publikum zu präsentieren. Immer wieder qualifizieren sich Klubs, die zuvor noch nie international gespielt haben. Für sie und insbesondere auch ihre Fans ist die Teilnahme ein echtes Erlebnis, die Spieltage werden zu „Feiertagen".

14:0

spielte Ajax Amsterdam am 3. Oktober 1984 gegen den luxemburgischen Verein Red Boys Differdange. Der höchste Sieg in der Geschichte des Wettbewerbs!

2010 und 2012 gewannen die Spieler von Atlético Madrid sowohl die Europa League als auch den Superpokal.

Das „Wunder von der Weser"

Immer wieder gibt es Überraschungssiege, die als Wunder bezeichnet werden. Der Begriff „Wunder von der Weser" tauchte erstmals in der zweiten UEFA-Cup-Runde 1987 auf: Werder Bremen hatte gegen Spartak Moskau im Hinspiel 1 : 4 verloren. Das Ausscheiden aus dem Wettbewerb schien sicher. Doch in einer fesselnden Aufholjagd schlugen die Bremer Spartak Moskau im Rückspiel mit 6 : 2 nach Verlängerung und erreichten das Achtelfinale. Ähnliche Wunder gelangen Werder seitdem noch einige Male in verschiedenen europäischen Vereinswettbewerben.

Erfolgreiche Titelträger

Juventus Turin	3
Inter Mailand	3
FC Liverpool	3
Borussia Mönchengladbach	2
Tottenham Hotspur	2
Feyenoord Rotterdam	2
IFK Göteborg	2
FC Parma	2
Real Madrid	2
FC Sevilla	2
FC Porto	2
Atlético Madrid	2

Die meisten Tore in einer Saison

Radamel Falcao (FC Porto)	2010/11	17
Jürgen Klinsmann (FC Bayern München)	1995/96	15

Wer spielt mit?

Die UEFA Europa League ist seit 2009 der Nachfolgewettbewerb des UEFA-Pokals. Die teilnehmenden europäischen Vereine qualifizieren sich über ihre nationalen Ligen. Sie belegen dort die Plätze hinter den Klubs, die in die Champions League dürfen. Seit Abschaffung des Europapokals der Pokalsieger 1999 sind auch alle nationalen Pokalsieger der UEFA-Mitgliedsverbände startberechtigt – sofern sie nicht in der Champions League antreten. Im Verlauf des Wettbewerbs stoßen aus der Champions League 15 Verlierer der dritten Qualifikationsrunde, 10 Verlierer aus den Play-offs sowie die 8 Drittplatzierten aus der Gruppenphase hinzu. Der Sieger der Europa League tritt im UEFA-Superpokal gegen den Champions-League-Gewinner an.

Das „Wunder vom Wildpark"

1993 kassierte der Karlsruher SC im Zweitrunden-Hinspiel des UEFA-Pokals gegen den FC Valencia eine 1 : 3-Niederlage. Das Rückspiel im Karlsruher Wildparkstadion wurde zum Spektakel: KSC-Torwart Oliver Kahn hielt den Kasten sauber und die Spieler kämpften – angetrieben von den Fans – wie besessen bis zum Endstand von 7 : 0 für Karlsruhe. KSC-Stürmer Edgar Schmitt traf allein viermal. Wenige Tage vorher hatte er einen schweren Autounfall, bei dem er sich mehrfach überschlug. Man nannte ihn deswegen „Looping-Schmitt". Nun verpasste ihm Fernsehkommentator Jörg Dahlmann den neuen Spitznamen „Euro-Eddy".

Vom „Looping-Schmitt" zum „Euro-Eddy": Edgar Schmitt nach seinem 1 : 0 gegen den FC Valencia.

Auch ein Wunder:

4:0

siegte der 1. FC Köln am 5. November 1980 gegen den FC Barcelona im Zweitrunden-Rückspiel des UEFA-Pokals.

Die Women's Champions League

Mit dem UEFA-Frauenpokal, erstmals durchgeführt 2001/2002, wurde ein Meilenstein im europäischen Vereinsfußball der Frauen geschaffen. Seit der Saison 2009/2010 wird der Wettbewerb als UEFA Women's Champions League ausgetragen – mit zunehmendem Medieninteresse und steigenden Zuschauerzahlen.

1. FFC Frankfurt

Den ersten UEFA-Frauenpokal holten die Spielerinnen vom 1. FFC Frankfurt 2002 im Frankfurter Waldstadion. Birgit Prinz und Steffi Jones erzielten die Siegtore zum 2 : 0 gegen Umeå IK aus Schweden. 2006 entschieden die Frankfurterinnen das Finale (2003 bis 2009 ausgetragen in Hin- und Rückspiel) wieder für sich – dieses Mal gegen den 1. FFC Turbine Potsdam. Der 1. FFC Frankfurt und Umeå IK standen sich 2008 zum dritten Mal im Finale des UEFA-Frauenpokals gegenüber. Für beide Vereine war es die Möglichkeit, als erster Klub den dritten Titelgewinn zu erzielen. 2004 mussten sich die Frankfurterinnen den Schwedinnen geschlagen geben, doch dieses Mal erkämpften sie im Final-Rückspiel den Sieg.

50 212

Zuschauer bildeten die Rekordkulisse im Münchner Olympiastadion beim Finale Lyon – Frankfurt im Jahr 2012.

Umeå-Star Marta gegen Katrin Kliehm und Kerstin Garefrekes (1. FFC Frankfurt) im Final-Hinspiel 2008.

Lyons Spielerinnen nach dem 2 : 0 gegen Frankfurt im Finale 2012.

Olympique Lyon

Bereits 2007/08 konnte sich Olympique Lyonnais, wie der Verein offiziell heißt, von der ersten Qualifikationsrunde bis ins Halbfinale kämpfen. 2011 schafften die Französinnen, was ihnen im Vorjahr nicht gelungen war: Sie schlugen den 1. FFC Turbine Potsdam im Endspiel. Im Folgejahr setzten sich die Olympique-Spielerinnen erneut durch – dieses Mal gegen den 1. FFC Frankfurt – und holten das Triple mit französischem Pokal und französischer Meisterschaft.

Anja Mittag

Sie zählt zu den torgefährlichsten Spielerinnen jemals im Wettbewerb. Mit dem 1. FFC Turbine Potsdam konnte sie 2005 und 2010 den Titel gewinnen. Seit 2012 steht sie für den FC Malmö auf dem Platz.
Geboren am: 16.05.1985
Verein: Ldb FC Malmö
Position: Angriff
Erfolge (Auswahl): Champions-League-Siegerin 2010; UEFA-Cup-Siegerin 2005; Europameisterin 2005, 2009; Weltmeisterin 2007; Deutsche Meisterin 2004, 2006, 2009, 2010, 2011; DFB-Pokal-Siegerin 2004, 2005, 2006; Schwedischer Supercup 2012

Deutsche Erfolgsteams

Neben den Frankfurterinnen und dem 1. FFC Turbine Potsdam, der 2005 und 2010 triumphierte, waren bisher zwei weitere deutsche Teams erfolgreich: Der FCR 2001 Duisburg siegte 2009, der VfL Wolfsburg 2013 (→ S. 77).

Starke Vereine aus Schweden

2003 und 2004 sicherte sich Umeå IK den UEFA-Frauenpokal. Mit dabei: erstklassige Spielerinnen wie Hanna Ljungberg und ab 2004 die brasilianische Starkickerin Marta. Zu den starken Klubs aus Schweden gehören auch Djurgården/Älvsjö, Finalist 2005, der Kopparbergs/Göteborg FC und der FC Malmö mit der deutschen Nationalspielerin Anja Mittag.

Torschützenköniginnen

2013	Laura Rus (Apollon Limassol LFC)	11
2012	Camille Abily, Eugénie Le Sommer (Olympique Lyon)	9
2011	Inka Grings (FCR 2001 Duisburg)	13
2010	Vanessa Bürki (FC Bayern München)	11
2009	Margrét Lára Vidarsdóttir (Valur Reykjavík)	14
2008	Vira Dyatel (Zhilstroy-1 Karkhiv), Patrizia Panico (ASD CF Bardolino Verona), Margrét Lára Vidarsdóttir (Valur Reykjavík)	9
2007	Julie Fleeting (Arsenal LFC)	9
2006	Margrét Lára Vidarsdóttir (Valur Reykjavík)	11
2005	Conny Pohlers (1. FFC Turbine Potsdam)	14
2004	Maria Gstöttner (SV Neulengbach)	11
2003	Hanna Ljungberg (Umeå IK)	10
2002	Gabriela Enache (FC Codru Anenii Noi)	12

Die Klub-Weltmeisterschaft

Die „beste Vereinsmannschaft der Welt" wird bei der FIFA Klub-Weltmeisterschaft ermittelt. Während der Wettbewerb in Europa im Schatten der Champions League steht, ist das Interesse in anderen Teilen der Welt sehr groß. Besonders in Asien und Südamerika fiebern viele Fernsehzuschauer mit und drücken ihren Teams die Daumen.

Sechs Kontinentalverbände

Neben der UEFA in Europa gibt es fünf weitere Kontinentalverbände, die internationale Vereinswettbewerbe veranstalten: Die Copa Libertadores des südamerikanischen Verbandes CONMEBOL wird dominiert von argentinischen und brasilianischen Klubs. In Afrika treten die Top-Teams in der CAF Champions League an. Die besten Klubs aus Nord-, Mittelamerika und Karibik spielen in der CONCACAF Champions League gegeneinander. Hinzu kommen die AFC Champions League in Asien und die OFC Champions League in Ozeanien.

Alle Sieger aus diesen Wettbewerben kämpfen um die FIFA Klub-Weltmeisterschaft. Außerdem ist das stärkste Team des Gastgeberlandes dabei. Die Teilnehmer aus Europa und Südamerika sind jeweils gesetzt und starten im Halbfinale.

Der Weltpokal

Von 1960 bis 2004 spielten der Sieger im Europapokal der Landesmeister bzw. der UEFA Champions League und der Gewinner des südamerikanischen Copa Libertadores gegeneinander. Bis 1979 trug der Wettbewerb den Namen „Weltpokal", ab 1980 wurde er nach dem japanischen Sponsor „Toyota Cup" genannt. Die Bezeichnung Weltpokal blieb aber weiterhin im Sprachgebrauch erhalten. Die FIFA Klub-Weltmeisterschaft startete 2000 zusätzlich und wurde in ihrer zweiten Austragung 2005 mit dem Toyota Cup zusammengelegt.

Weltpokalsiegerbesieger

2001 gewann der FC Bayern München den Toyota Cup. Kurz darauf besiegte der FC St. Pauli, damals Tabellenletzter, die Bayern unerwartet in der Bundesliga. Die humorvollen Hamburger ließen T-Shirts drucken mit der selbstbewussten Aufschrift „Weltpokalsiegerbesieger". Der FC St. Pauli rutschte wenig später in die zweite Liga ab – aber die T-Shirts fanden reißenden Absatz. Bis heute sind sie bei den Fans äußerst beliebt.

Die „Weltpokalsiegerbesieger" liegen sich am 6. Februar 2002 bei Spielende in den Armen. Aufsteiger FC St. Pauli gewinnt im heimischen Stadion am Millerntor das Bundeligaspiel der 21. Runde gegen den Titelverteidiger FC Bayern mit 2 : 1.

Finalisten

	Sieger	Zweiter
2012	Corinthians (Brasilien)	FC Chelsea (England)
2011	FC Barcelona (Spanien)	FC Santos (Brasilien)
2010	Inter Mailand (Italien)	TP Mazembe Englebert (DR Kongo)
2009	FC Barcelona (Spanien)	Estudiantes de La Plata (Argentinien)
2008	Manchester United (England)	Liga de Quito (Ecuador)
2007	AC Mailand (Italien)	Boca Juniors (Argentinien)
2006	SC Internacional (Brasilien)	FC Barcelona (Spanien)
2005	FC São Paulo (Brasilien)	FC Liverpool (England)
2004	Corinthians (Brasilien)	Vasco da Gama (Brasilien)

Mit einem 4 : 0 gegen Südamerikas Meister FC Santos sicherte sich der FC Barcelona den Titel bei der Klub-WM 2011.

Das 200 ste Tor seit Beginn der Klub-WM schoss der Japaner Toshihiro Aoyama für seinen Verein Sanfrecce Hiroshima gegen Auckland City, Neuseeland, im Eröffnungsspiel 2012.

Corinthians

Brasilianische Vereine sind bei der Klub-Weltmeisterschaft stark vertreten und gewannen nicht nur die ersten drei Austragungen des Wettbewerbs.
Die Corinthians São Paulo siegten 2000 und erneut 2012, nachdem der Verein zwischenzeitlich in Brasilien in die zweite Liga ab- und wieder in die erste Liga aufgestiegen war. Bester Torjäger des Klubs im Wettbewerb 2012 war der frühere Bundesligaprofi Paolo Guerrero (FC Bayern München und Hamburger SV).

Die Fans der Corinthians feiern das 1 : 0 gegen Chelsea im Finale der Klub-Weltmeisterschaft 2012.

Sieger der Champions League / des Europapokals der Landesmeister

2013	FC Bayern München
2012	FC Chelsea
2011	FC Barcelona
2010	Inter Mailand
2009	FC Barcelona
2008	Manchester United
2007	AC Mailand
2006	FC Barcelona
2005	FC Liverpool
2004	FC Porto
2003	AC Mailand
2002	Real Madrid
2001	FC Bayern München
2000	Real Madrid
1999	Manchester United
1998	Real Madrid
1997	Borussia Dortmund
1996	Juventus Turin
1995	Ajax Amsterdam
1994	AC Mailand
1993	Olympique Marseille
1992	FC Barcelona
1991	Roter Stern Belgrad
1990	AC Mailand
1989	AC Mailand
1988	PSV Eindhoven
1987	FC Porto
1986	Steaua Bukarest
1985	Juventus Turin
1984	FC Liverpool
1983	Hamburger SV
1982	Aston Villa
1981	FC Liverpool
1980	Nottingham Forest
1979	Nottingham Forest
1978	FC Liverpool
1977	FC Liverpool
1976	FC Bayern München
1975	FC Bayern München
1974	FC Bayern München
1973	Ajax Amsterdam
1972	Ajax Amsterdam
1971	Ajax Amsterdam
1970	Feyenoord Rotterdam
1969	AC Mailand
1968	Manchester United
1967	Celtic Glasgow
1966	Real Madrid
1965	Inter Mailand
1964	Inter Mailand
1963	AC Mailand
1962	Benfica Lissabon
1961	Benfica Lissabon
1960	Real Madrid
1959	Real Madrid
1958	Real Madrid
1957	Real Madrid
1956	Real Madrid

Sieger der Women's Champions League / des UEFA-Frauenpokals

2013	VfL Wolfsburg
2012	Olympique Lyon
2011	Olympique Lyon
2010	1. FFC Turbine Potsdam
2009	FCR 2001 Duisburg
2008	1. FFC Frankfurt
2007	Arsenal LFC
2006	1. FFC Frankfurt
2005	1. FFC Turbine Potsdam
2004	Umeå IK
2003	Umeå IK
2002	1. FFC Frankfurt

Wettbewerbe der Nationalmannschaften

Die deutsche Nationalmannschaft

Es ist eine besondere Auszeichnung für einen Fußballer, zur Nationalmannschaft zu gehören. Hier kommen die besten Spieler zusammen und vertreten ihr Land bei internationalen Wettbewerben. Die deutsche Elf konnte weltweit schon zahlreiche Erfolge feiern.

Erste Länderspiele

Das erste offizielle Länderspiel einer DFB-Auswahl (→ S. 104) fand am 5. April 1908 in Basel gegen die Schweiz statt. Die deutsche Elf verlor 3 : 5. Sie musste noch einige Niederlagen einstecken, bevor sie im Jahr darauf ihren ersten Sieg feiern konnte – ebenfalls gegen die Schweiz: Bei einer Partie in Karlsruhe gewannen die Deutschen 1 : 0. Am selben Tag spielte eine zweite deutsche Nationalmannschaft in Budapest gegen Ungarn 3 : 3 unentschieden. Weil jeder deutsche Landesverband möglichst viele seiner Spieler in der Nationalelf sehen wollte, ließ man in Karlsruhe eine süddeutsche und in Budapest eine mittel- und norddeutsche Spielerauswahl antreten.

Im Nationalsozialismus

1934 nahm die Nationalmannschaft erstmals an einer Weltmeisterschaft teil (→ S. 108). Seit 1933 waren die Nationalsozialisten in Deutschland an der Macht. Ihre menschenverachtende Politik hatte Auswirkungen auf alle Bereiche des Lebens – auch auf den Fußballsport. Mitglieder jüdischen Glaubens und Kommunisten wurden aus dem DFB und seinen Vereinen ausgeschlossen. Sie wurden von den Nationalsozialisten verfolgt und ermordet. Die Nationalspieler mussten bei ihren Auftritten den „Hitlergruß" zeigen.

Julius-Hirsch-Preis

Seit 2005 vergibt der DFB den Julius-Hirsch-Preis gegen Rassismus und Antisemitismus im Fußball. Der jüdische Stürmer Julius „Juller" Hirsch wurde 1910 Deutscher Meister mit dem Karlsruher FV und 1914 erneut mit der SpVgg Fürth. Von 1911 bis 1913 spielte er in der deutschen Nationalmannschaft und war bei den Olympischen Spielen 1912 in Stockholm im Team. Aus der Zeitung erfuhr Hirsch 1933, dass sein Verein jüdische Mitglieder ausschloss. Zehn Jahre später wurde er von den Nazis ins Konzentrationslager Auschwitz verschleppt, wo er starb. Der Julius-Hirsch-Preis geht an Menschen und Initiativen, die sich gegen Fremdenfeindlichkeit und Ausgrenzung einsetzen.

Die größten Erfolge der deutschen Elf

Dreimal Weltmeister	1954, 1974, 1990
Viermal Vize-Weltmeister	1966, 1982, 1986, 2002
Dreimal Europameister	1972, 1980, 1996
Dreimal Vize-Europameister	1976, 1992, 2008
Teilnahme an allen Weltmeisterschaften seit 1954	
Teilnahme an allen Europameisterschaften seit 1972	

Zwei deutsche Nationalmannschaften

1949, vier Jahre nach dem Ende des Zweiten Weltkriegs, wurden mit der Bundesrepublik Deutschland und der Deutschen Demokratischen Republik zwei neue deutsche Staaten gegründet. Damit gab es in der Folge – bis zur Wiedervereinigung 1990 – auch zwei deutsche Nationalmannschaften: die DFB-Auswahl im Westen und die DFV-Auswahl (DFV: Deutscher Fußball-Verband) im Osten. 1954 nahm die bundesdeutsche Mannschaft erstmals nach dem Zweiten Weltkrieg an einer Weltmeisterschaft teil und gewann überraschend (→ S. 109). Besondere Erfolge der DDR-Nationalelf waren ihr Sieg über den späteren Weltmeister Bundesrepublik Deutschland in der Vorrunde der WM 1974 (→ S. 110) durch ein Tor von Jürgen Sparwasser und die Goldmedaille bei den Olympischen Sommerspielen 1976.

Damals hat die halbe Nation hinter dem Fernseher gestanden.

Franz Beckenbauer über das WM-Finale 1990

Die deutsche Elf präsentiert sich bei der Weltmeisterschaft 1990 (→ S. 110) vor einem Gruppenspiel den Fotografen. Vorne (von links): Thomas Häßler, Jürgen Klinsmann, Uwe Bein, Andreas Brehme und Lothar Matthäus. Hinten (von links): Thomas Berthold, Bodo Illgner, Klaus Augenthaler, Guido Buchwald, Stefan Reuter und Rudi Völler.

Die deutsche Nationalmannschaft im März 2013 vor einem Qualifikationsspiel zur WM 2014. Vorne (von links): Philipp Lahm, Marco Reus, Mario Götze, Marcel Schmelzer und Mesut Özil. Hinten (von links): Manuel Neuer, Per Mertesacker, Thomas Müller, Sami Khedira, İlkay Gündoğan und Jérome Bôateng.

16:0 lautete der höchste Sieg einer deutschen Nationalmannschaft jemals: Bei den Olympischen Spielen 1912 schlug die deutsche Elf das Team aus Russland in der Trostrunde mit diesem Ergebnis. Möglicherweise waren die Russen etwas müde, weil sie am Abend zuvor – vielleicht sogar mit den Deutschen zusammen – gefeiert hatten.

Internationale Wurzeln

Viele deutsche Nationalspieler sind bei Bundesligavereinen unter Vertrag, einige bei Klubs im Ausland. Zahlreiche Spieler haben ausländische Wurzeln und sind Kinder von Einwanderern. Auch vor diesem Hintergrund setzen sich deutsche Nationalspieler für Integration und gegen Rassismus ein.

Der DFB

Die deutsche Nationalmannschaft heißt auch „DFB-Auswahl“ – DFB ist die Abkürzung für „Deutscher Fußball-Bund“. Der wurde am 28. Januar 1900 durch Vertreter von 86 Vereinen im Leipziger Restaurant „Zum Mariengarten“ gegründet. Der DFB übernahm die Organisation des Fußballspiels für ganz Deutschland, nachdem in verschiedenen Gegenden Klubs und Verbände entstanden waren. Er sorgte zum Beispiel dafür, dass alle nach denselben Regeln spielten, und organisierte Meisterschaften. Erster Vorsitzender war Professor Dr. Ferdinand Hueppe. Heute hat der DFB über 6,8 Millionen Mitglieder und ist der größte nationale Fußballverband der Welt.

Nationaltrainer im Überblick

Seit 2006	Joachim Löw
2004 – 2006	Jürgen Klinsmann
2000 – 2004	Rudi Völler
1998 – 2000	Erich Ribbeck
1990 – 1998	Berti Vogts
1984 – 1990	Franz Beckenbauer
1978 – 1984	Jupp Derwall
1964 – 1978	Helmut Schön
1936 – 1964	Sepp Herberger
1926 – 1936	Otto Nerz
1908 – 1926	kein Trainer

Das DFB-Team

Der Bundestrainer entscheidet, welche Spieler zum Kader der Nationalmannschaft gehören. Dazu beobachtet er deutsche Spitzenfußballer bei den Einsätzen für ihre Vereine im In- und Ausland. Denn eine grundlegende Voraussetzung für die Aufnahme ins Team ist – neben der deutschen Staatsbürgerschaft – eine konstant gute Leistung. Der Bundestrainer selbst muss übrigens kein Deutscher sein, auch wenn das bisher immer so war.

Bis 1926 musste die deutsche Nationalmannschaft übrigens ganz ohne Trainer auskommen. Der DFB-Spielausschuss stellte die Elf zusammen und der Kapitän legte die Taktik fest. Heute gibt es neben dem Bundestrainer einen Assistenztrainer und einen Torwarttrainer, außerdem begleiten Fitnesstrainer, Ärzte, Physiotherapeuten und viele andere Mitarbeiter die Mannschaft.

Joachim Löw

Funktion: Bundestrainer
Geboren am: 3. Februar 1960 in Schönau, Schwarzwald
Größe: 1,82 m
Stationen als Trainer:

1994	FC Winterthur, A-Junioren
1994 – 1995	FC Frauenfeld
1995 – 1996	VfB Stuttgart, Kotrainer
1996 – 1998	VfB Stuttgart, Chef-Trainer
1998 – 1999	Fenerbahçe Istanbul
1999 – 2000	Karlsruher SC
2000 – 2001	Adanaspor
2001 – 2002	FC Tirol Innsbruck
2003 – 2004	FK Austria Wien
2004 – 2006	Assistenztrainer der deutschen Nationalmannschaft
Seit 12.07.2006	Bundestrainer

Trainererfolge (Auswahl):

2012	EM-Dritter
2010	WM-Dritter
2008	Vize-Europameister
2006	WM-Dritter als Assistenztrainer
2002	Österreichischer Meister mit dem FC Tirol Innsbruck
1997	DFB-Pokalsieger mit dem VfB Stuttgart

Die Ehrenspielführer

Mit dem Titel „Ehrenspielführer“ werden Nationalspieler für ganz besondere Leistungen ausgezeichnet. Bei den Männern bekamen bisher vier Spieler diesen Titel verliehen: **Fritz Walter** war der erste. In 61 Länderspielen stand er für die deutsche Elf auf dem Platz – davon 30 Spiele als Kapitän – und erzielte 33 Tore. Walter war unter anderem beim WM-Sieg 1954 als Kapitän dabei. **Uwe Seeler** mit 72 Länderspielen – davon 40 als Kapitän – und 43 Toren gehört ebenfalls zu den Titelträgern. **Franz Beckenbauer** war als Spieler und Teamchef der Nationalmannschaft erfolgreich. Als Spieler bestritt er 103 Länderspiele, davon 50 als Kapitän, u.a. beim WM-Sieg 1974, und erzielte 14 Tore. Seinen größten Erfolg als Trainer der DFB-Elf feierte er 1990 mit dem Weltmeister-Titel. **Lothar Matthäus** hält den Rekord mit den meisten Einsätzen als deutscher Nationalspieler (der Männer). Er trug das Trikot der Nationalmannschaft in 150 Länderspielen, davon 75 als Kapitän, und schoss dabei 23 Tore. Er war u.a. beim WM-Sieg 1990 Mannschaftskapitän.

Rekord-Torjäger Gerd Müller erzielte **68** Tore in 62 Länderspielen!

WM-Kapitäne

WM 2010	Philipp Lahm
WM 2006	Michael Ballack
WM 2002	Oliver Kahn
WM 1998	Jürgen Klinsmann
WM 1990, 1994	Lothar Matthäus
WM 1982, 1986	Karl-Heinz Rummenigge
WM 1978	Berti Vogts
WM 1974	Franz Beckenbauer
WM 1966, 1970	Uwe Seeler
WM 1958, 1962	Hans Schäfer
WM 1954	Fritz Walter
WM 1934, 1938	Fritz Szepan

Joachim „Jogi“ Löw beobachtet seine Jungs beim Training in Florida (USA) im Mai 2013.

Die Weltmeisterschaft

Unter Jules Rimet, FIFA-Präsident von 1921 bis 1954, beschloss der Weltfußballverband FIFA, 1930 die erste Weltmeisterschaft auszutragen. Inzwischen ist die Fußball-WM ein Großereignis, das Fans und Aktive rund um die Erde begeistert. Alle vier Jahre kämpfen Nationalmannschaften von allen Kontinenten um den Titel.

WM-Teilnehmer

32 Nationalmannschaften nehmen an der WM teil. Das Team des Gastgeberlandes hat automatisch einen Turnierplatz sicher, die anderen müssen sich im Vorfeld qualifizieren. In der Endrunde spielen die Mannschaften zunächst in acht Gruppen à vier Teams gegeneinander. Der Gruppenerste und -zweite kommen jeweils weiter. Diese 16 Teams kämpfen im K.-o.-System vom Achtelfinale bis zum WM-Sieg.

Der WM-Pokal

Die erste Trophäe hieß zunächst einfach „Weltpokal". 1946 bekam sie den Namen „Jules-Rimet-Pokal" nach dem früheren FIFA-Präsidenten. 1966 wurde der Pokal in England gestohlen, als er vor der WM in einer Ausstellung zu sehen war. Der kleine Hund Pickles spürte ihn zufällig in einem Londoner Vorgarten unter einem Busch wieder auf. 1970 durften die Brasilianer den Jules-Rimet-Pokal nach ihrem dritten WM-Titelgewinn behalten.
Er wurde jedoch 1983 erneut gestohlen und ist seitdem verschwunden. Die Brasilianer ließen eine Kopie herstellen. Für die WM 1974 und die folgenden Turniere wurde ein neuer Pokal angefertigt nach einem Entwurf des Italieners Silvio Gazzaniga. Der FIFA WM-Pokal besteht aus Gold und zwei Halbedelsteinringen im Fuß. Er bleibt im Besitz der FIFA und der WM-Sieger bekommt eine vergoldete Kopie, den FIFA WM-Siegerpokal.

2002 hieß der Weltmeister Brasilien. Kapitän Cafu (mit Pokal) und seine Teamkollegen schlugen Deutschland mit 2 : 0.

Sterne für die Weltmeister
Für jede gewonnene Weltmeisterschaft darf das Team einen Stern auf dem Trikot tragen. Eine Ausnahme bildet Uruguay: Weil es vor 1930 noch keine WM gab, trägt die Nationalmannschaft zwei zusätzliche Sterne für ihre Olympiasiege 1924 und 1928.

WM-Austragungsorte

1930	Uruguay
1934, 1990	Italien
1938, 1998	Frankreich
1950, 2014	Brasilien
1954	Schweiz
1958	Schweden
1962	Chile
1966	England
1970, 1986	Mexiko
1974, 2006	Deutschland
1978	Argentinien
1982	Spanien
1994	USA
2002	Korea/Japan
2010	Südafrika
2018	Russland
2022	Katar

Die spanische Mannschaft konnte sich nach dem WM-Finale 2010 gegen die Niederlande über ihren ersten Weltmeistertitel freuen **(→ S. 111).**

Bisherige WM-Siege

1.	Brasilien	5
2.	Italien	4
3.	Deutschland	3
4.	Uruguay	2
	Argentinien	2
5.	England	1
	Frankreich	1
	Spanien	1

Mit nur **17** Jahren wurde Pelé 1958 der bisher jüngste Fußball-Weltmeister.

Die meisten WM-Tore kann mit **15** Treffern der Brasilianer Ronaldo für sich verbuchen.

Krake Paul

Bei der WM 2010 orakelte ein Tintenfisch: Krake Paul sagte alle Spielergebnisse der deutschen Nationalmannschaft und den Ausgang des Finales richtig voraus! In sein Aquarium in Oberhausen wurden jeweils zwei durchsichtige Kunststoffbehälter mit einer Miesmuschel darin gestellt. Auf den Gefäßen waren die Flaggen der Nationalteams angebracht, die gegeneinander antraten. Der Kasten, aus dem Paul die Muschel fischte und futterte, zeigte seinen Siegertipp an.

WM-Höhepunkte

Uruguay 1930

Nur 13 Länder nahmen an der ersten Weltmeisterschaft teil – Deutschland gehörte nicht dazu. Vielen Verbänden waren die Kosten zu hoch, weltweit herrschte Wirtschaftskrise. Von Europa aus musste man damals mit dem Schiff anreisen, was mühsam und zeitaufwendig war. Und es störte einige Verbände, dass auch Profispieler zugelassen waren. Für die deutsche Nationalmannschaft kickten nach wie vor Amateure. Schließlich nahmen nur Belgien, Frankreich, Jugoslawien und Rumänien die Atlantiküberquerung auf sich. Jugoslawien kam bis ins Halbfinale.
Finale: Uruguay – Argentinien 4 : 2

Italien 1934

Bei der zweiten WM-Austragung legten Argentinien, Brasilien und die USA den weiten Weg über den Atlantik zurück – und schieden gleich in der ersten Runde aus. Uruguay reiste gar nicht erst an, um den Titel zu verteidigen.
Die italienischen Faschisten benutzten die WM, um sich der Welt in einem positiven Licht zu zeigen, Diktator Mussolini soll seinem Land mit Bestechungen zum Sieg verholfen haben. Das deutsche Team von Reichstrainer Otto Nerz erreichte bei seiner ersten WM-Teilnahme den dritten Platz nach einem 3 : 2 gegen Österreich.
Finale: Italien – Tschechoslowakei 2 : 1 n. V.

Nach Siegen über Peru, Rumänien, Jugoslawien und Argentinien gewann Gastgeber Uruguay das erste WM-Turnier.

Frankreich 1938

Nazi-Deutschland war im März in Österreich einmarschiert und hatte das Land als „Ostmark“ dem „Deutschen Reich“ angegliedert. Deshalb fuhr der neue Reichstrainer Sepp Herberger mit einem deutsch-österreichischen Team zur WM nach Frankreich. Diese „großdeutsche“ Mannschaft überstand jedoch nicht mal die erste Runde. Das Turnier war überschattet von den Vorboten des Zweiten Weltkriegs.
Finale: Italien – Ungarn 4 : 2

1939 – 1945 Zweiter Weltkrieg

1936 hatte Deutschland sich – neben Brasilien – als Austragungsort für die WM 1942 beworben. Doch der Krieg machte WM-Austragungen unmöglich und die FIFA schloss Nazi-Deutschland 1942 aus dem Weltfußballverband aus. FIFA-Vizepräsident Dr. Ottorino Barassi (Italien) versteckte den Pokal während des Krieges in einem Schuhkarton unter seinem Bett.

Brasilien 1950

Wie 1930 nahmen an der ersten WM nach Kriegsende nur 13 Länder teil. Deutschland blieb ausgeschlossen, auch Japan durfte nicht teilnehmen. Indien sagte ab, weil die FIFA der Mannschaft verbot, barfuß zu spielen. England war erstmals dabei, kam aber – wie auch Titelverteidiger Italien – nicht in die Endrunde. Dass die Seleção, das Team der Gastgeber, den WM-Sieg knapp verpasste, war für viele Brasilianer eine unfassbare Katastrophe.
Finalrunde: Uruguay, Brasilien, Schweden, Spanien
Sieger: Uruguay

Schweiz 1954

1950 war der DFB wieder von der FIFA aufgenommen worden und die Deutschen durften an der WM 1954 teilnehmen. Die bundesdeutsche Nationalmannschaft – nach wie vor trainiert von Sepp Herberger – schaffte es ins Finale, das in Bern stattfand. Dort besiegte die Elf um Fußballlegende Fritz Walter die Favoriten aus Ungarn überraschend mit 3 : 2. Dieses „Wunder von Bern" löste eine gewaltige Fußballbegeisterung in Deutschland aus, Menschen in der BRD und der DDR jubelten.

Finale: Bundesrepublik Deutschland – Ungarn 3 : 2

Helmut Rahn traf in der 84. Minute zum 3 : 2 – und Deutschland war zum ersten Mal Fußball-Weltmeister. Im Bild: Fritz Walter mit dem WM-Pokal.

Schweden 1958

Brasilien brachte einen jungen Spieler mit, der zum Star wurde: Pelé gewann mit 17 Jahren seine erste Weltmeisterschaft. Im Turnier erzielte er sechs Tore und wurde als bester junger Spieler ausgezeichnet. Auch Titelverteidiger Deutschland hatte ein junges Torjäger-Talent dabei: Uwe Seeler trat erstmals bei einer WM an und erzielte zwei Treffer. Im Halbfinale scheiterten die Deutschen an Schweden, den dritten Platz verloren sie schließlich an Frankreich.

Finale: Brasilien – Schweden 5 : 2

Chile 1962

Eine Trainerentscheidung sorgte im Quartier der bundesdeutschen Mannschaft einen Tag vor dem ersten Spiel der Deutschen für Aufregung: Sepp Herberger hatte beschlossen, statt des erfahrenen Hans Tilkowski den jungen Wolfgang Fahrian vom TSG Ulm ins Tor zu stellen. Fahrian feierte am Tag seines ersten WM-Einsatzes seinen 21. Geburtstag und ließ kein Tor der italienischen Gegner zu. Sepp Herbergers Elf schied im Viertelfinale gegen Jugoslawien aus.

Finale: Brasilien – Tschechoslowakei 3 : 1

England 1966

Mit dem Löwen „World Cup Willie" gab es erstmals ein offizielles WM-Maskottchen – und Willie brachte vor allem den Gastgebern Glück: Die Engländer erreichten das Halbfinale, ohne ein Gegentor kassiert zu haben. Titelverteidiger Brasilien war bereits überraschend nach der Vorrunde ausgeschieden. Das berühmte Wembley-Tor (→ S. 28) verhalf England im Finale gegen Deutschland zum Sieg.

Finale: England – Bundesrepublik Deutschland 4 : 2 n. V.

Mexiko 1970

Trotz großer Hitze in Mexiko bekamen die Zuschauer erstklassigen Fußball geboten – unter anderem im spannenden Halbfinalkrimi Italien gegen die Bundesrepublik Deutschland: Erst in letzter Minute gelang den Deutschen der Ausgleich zum 1 : 1. Das Spiel ging in die Verlängerung, in der noch fünf Tore fielen bis zum 4 : 3-Endstand für Italien. Eine Tafel am Aztekenstadion in Mexiko City erinnert noch heute an das „Jahrhundertspiel". Der deutsche Stürmer Gerd Müller wurde mit zehn WM-Treffern Torschützenkönig des Turniers.

Finale: Brasilien – Italien 4 : 1

Deutschland 1974

Die bundesdeutsche Nationalmannschaft startete als Favorit in die WM. Doch ausgerechnet gegen die Nationalelf der DDR musste die Mannschaft um „Kaiser" Franz Beckenbauer in ihrem dritten Spiel eine Niederlage einstecken. Beide Teams kamen weiter, aber die Chancen der Bundesrepublik auf den Weltmeistertitel wurden infrage gestellt. Nach Veränderungen in der Startelf schaffte es die Mannschaft doch ins Finale und schlug die starken Niederländer um „König Johan" Cruyff.
Finale: Niederlande - Bundesrepublik Deutschland 1 : 2

Sepp Maier hält gegen Johan Cruyff.

Argentinien 1978

„I wer' narrisch. Krankl schießt ein – 3 : 2 für Österreich!", schrie der österreichische Reporter Edi Finger ins Radiomikrofon. In der zweiten Runde der WM 1978 besiegte Österreich die Bundesrepublik Deutschland völlig unerwartet. Für Titelverteidiger Deutschland eine Blamage, die als „Schmach von Córdoba" in die deutsche Fußballgeschichte einging. Für die Österreicher war es das „Wunder von Córdoba". Beide Mannschaften schieden aus dem Turnier aus.
Finale: Argentinien – Niederlande 3 : 1 n. V.

Mexiko 1986

Star der WM 1986 war der Argentinier Diego Maradona, der großen Anteil am WM-Sieg seines Teams hatte. Maradona erzielte fünf Turniertore und wurde als bester Spieler ausgezeichnet. Ein Treffer im Viertelfinale gegen England war allerdings nicht fair: Maradona hatte den Ball mit der Hand ins Tor gelenkt, doch das war dem Schiedsrichter entgangen. Nach dem Spiel sprach Diego Maradona von der „Hand Gottes", die beim Treffer geholfen habe.
Finale: Argentinien – Bundesrepublik Deutschland 3 : 2

Diego Maradona und die „Hand Gottes".

Spanien 1982

1982 sahen die Zuschauer ein dramatisches Halbfinale der bundesdeutschen Mannschaft gegen Frankreich. Es stand 1 : 1, als der deutsche Torhüter Harald „Toni" Schumacher – angestachelt vom Wunsch, unbedingt das Finale zu erreichen – rücksichtslos in einen französischen Angreifer sprang. Er brach dem Franzosen Patrick Battiston dabei einen Wirbel an und schlug ihm zwei Zähne aus. Im Spiel, das schließlich nach Verlängerung und Elfmeterschießen 8 : 7 für Deutschland endete, kam Schumacher ungeschoren davon. Später entschuldigte er sich bei Battiston.
Finale: Italien – Bundesrepublik Deutschland 3 : 1

Italien 1990

Mit dieser WM schrieb Franz Beckenbauer erneut Fußballgeschichte: Weltmeister als Spieler und als Trainer – das war nur einem Mann zuvor gelungen, dem Brasilianer Mario Zagallo. 1974 hatte Beckenbauer als Kapitän auf dem Platz gestanden, 1990 führte er die deutsche Nationalmannschaft als Bundestrainer zum dritten WM-Erfolg. Andreas Brehme verwandelte im Finale einen Strafstoß zum Siegtreffer.
Finale: Bundesrepublik Deutschland – Argentinien 1 : 0

USA 1994

Die Finalteilnehmer Brasilien und Italien waren beide bereits dreifacher Weltmeister. Nach regulärer Spielzeit und Verlängerung stand es noch immer 0 : 0 und erstmals entschied ein Elfmeterschießen über den WM-Sieg. Pechvogel des Spiels war der Italiener Roberto Baggio – er schoss den entscheidenden Elfmeter übers Tor und die Brasilianer holten ihren vierten WM-Titel.
Finale: Brasilien – Italien 0 : 0 n. V., 3 : 2 i. E.

Frankreich 1998

Bei der WM 1998 war im Viertelfinale Schluss für die deutsche Mannschaft: Nachdem Verteidiger Christian Wörns einen Platzverweis erhalten hatte, verloren die Deutschen 0 : 3 gegen Kroatien. Einen der Treffer erzielte der Kroate Davor Suker, der schließlich Torschützenkönig des Turniers wurde.
Frankreichs Star Zinédine Zidane beeindruckte die Zuschauer und verhalf seinem Team mit zwei Finaltoren zum WM-Titel.
Finale: Brasilien – Frankreich 0 : 3

Korea/Japan 2002

Torhüter Oliver Kahn war in überragend guter Form: Ein einziges Tor hatten die Deutschen auf dem Weg ins Finale kassiert, beim 1 : 1 gegen Irland in der Gruppenphase. Doch im Endspiel gelangen dem Brasilianer Ronaldo dann zwei Treffer gegen den Torwart-„Titan", was der Seleção ihren fünften WM-Sieg sicherte. Ronaldo erzielte mit acht Toren die meisten Turniertreffer nach Gerd Müller, der 1970 den Rekord von zehn Toren aufgestellt hatte.
Finale: Deutschland – Brasilien 0 : 2

Deutschland 2006

Die Deutschen zeigten sich beim „Sommermärchen" als gute Gastgeber und feierten ein rauschendes Fußballfest mit Besuchern aus aller Welt. Zwar verlor die deutsche Elf im Halbfinale gegen Italien, doch das war beim Spiel um den dritten Platz schon fast vergessen. Mit 3 : 1 besiegte die deutsche Mannschaft Portugal und wurde als „Weltmeister der Herzen" von ihren Fans gefeiert.
Finale: Italien – Frankreich 1 : 1 n. V., 5 : 3 i. E.

Südafrika 2010

Mit großer Begeisterung und lauten Kunststofftrompeten, den Vuvuzelas, feuerten die Afrikaner nicht nur die südafrikanische Nationalmannschaft an. Ihre „Bafana Bafana" schaffte es bei dieser ersten WM auf dem afrikanischen Kontinent leider nicht über die Gruppenphase hinaus. Die deutsche Elf kämpfte schließlich erneut um Platz drei – und erreichte ihn auch mit einem 3 : 2 gegen Uruguay. Am Ende jubelten die Spanier: Sie wurden zum ersten Mal Weltmeister.
Finale: Niederlande – Spanien 0 : 1 n. V.

Ausblick

Für die **WM 2014 in Brasilien** galt der Konföderationen-Pokal 2013 als „Generalprobe". Er wurde begleitet von Protesten der brasilianischen Bevölkerung. Viele forderten mehr Geld für Bildung und Gesundheit – anstelle von teuren Stadionbauten. Die Nationalmannschaft Brasiliens unterstützte die Forderungen.
Gastgeber **Russland** bereitet sich auf die **WM 2018** vor: Nicht nur Stadien werden neu gebaut und modernisiert, sondern auch Straßen, Bahnhöfe und Flughäfen. Gespielt wird in den Städten Moskau, Sankt Petersburg, Kaliningrad, Jekaterinburg, Nischni Nowgorod, Kasan, Samara, Saransk, Wolgograd, Rostow am Don und Sotschi.
Bei der **WM 2022 in Katar** wird es heiß. Wegen der hohen Außentemperaturen – im Sommer kann das Thermometer auf bis zu 50 Grad steigen – sollen die WM-Stadien mit Kühlanlagen ausgestattet werden.

Die Europameisterschaft

Zum europäischen Fußballfest mit begeisterten Zuschauern hat sich die UEFA Europameisterschaft seit 1960 entwickelt. Sie findet alle vier Jahre statt. Anfangs kamen nur vier Teams in die Endrunde – bei der EM 2016 in Frankreich treten erstmals 24 europäische Nationalmannschaften gegeneinander an.

Der Beginn

1954 schlug die französische Sportzeitung L'Équipe die Austragung einer Fußball-Europameisterschaft vor. Unterstützt wurde die Idee vom damaligen UEFA-Generalsekretär Henri Delaunay. Nach dessen Tod setzte sich sein Sohn Pierre weiter für einen „Europapokal der Nationen" ein. Am 28. September 1958 war es dann so weit: Das erste Spiel konnte in Moskau angepfiffen werden. Das gesamte Turnier lief über 22 Monate mit einer Endrunde, die im Juli 1960 in Frankreich stattfand.

Der Henri-Delaunay-Pokal

Die EM-Trophäe ist benannt nach dem ersten UEFA-Generalsekretär. Der erste Pokal wurde 1960 entworfen. Weil die UEFA ihn inzwischen zu klein fand, wurde das Design für die Europameisterschaft 2008 und folgende Austragungen aktualisiert. Jetzt ist der Silberpokal 18 Zentimeter gewachsen und wiegt zwei Kilogramm mehr.

Bisherige EM-Siege

Spanien	3
Deutschland	3
Frankreich	2
Griechenland	1
Dänemark	1
Niederlande	1
Tschechoslowakei	1
Italien	1
Sowjetunion	1

4 Minuten dauerte es, bis 1958 das erste Tor im Rahmen einer Europameisterschaft fiel. Torschütze war Anatoli Ilyin, Sowjetunion, im Spiel gegen Ungarn.

Zwischen zwei Weltmeisterschaften ist der Neuaufbau einer starken Nationalelf die erste Aufgabe. Da stört ein Europaturnier bloß.

Sepp Herberger

Später Start

Bundestrainer Sepp Herberger hatte kein Interesse, am „Europapokal der Nationen" 1960 und 1964 teilzunehmen. Er nannte ihn „reine Zeitverschwendung". Als die bundesdeutsche Nationalmannschaft, betreut von Herberger-Nachfolger Helmut Schön, dann in der Qualifikationsphase für die Europameisterschaft 1968 antrat, scheiterte sie an Albanien. 1972 gelang dann endlich die erste EM-Teilnahme – und führte auch gleich zum Turniersieg (→ S. 114).

EM-Maskottchen

2012	Slavek und Slavko	Polnisch-ukrainische Fußballzwillinge mit Punkfrisur
2008	Trix und Flix	Österreichisch-schweizerische Fußballzwillinge mit Zackenkopf
2004	Kinas	Junge
2000	Benelucky	Mischung aus Löwe und Teufel
1996	Goaliath	Löwe
1992	Kaninchen	Kaninchen
1988	Berni	Hase
1984	Peno	Hahn
1980	Pinocchio	Holzpuppe nach der gleichnamigen Kinderbuchfigur

Kapitän Jürgen Klinsmann und Torwart Andreas Köpke zeigen am 30. Juni 1996 nach der Siegerehrung durch Queen Elizabeth II. im Wembley-Stadion (London) stolz den EM-Pokal.

Torwart Iker Casillas (Spanien) klärt den Ball vor Christoph Metzelder (Deutschland). Spanien gewinnt das Turnier 2008 mit einem 1 : 0-Sieg im Finale gegen Deutschland.

EM-Austragungsorte

1960, 1984, 2016	Frankreich	1992	Schweden
1964	Spanien	1996	England
1968, 1980	Italien	2000	Belgien/Niederlande
1972	Belgien	2004	Portugal
1976	Jugoslawien	2008	Österreich/Schweiz
1988	Bundesrepublik Deutschland	2012	Polen/Ukraine

EM-Höhepunkte

Frankreich 1960

Der erste „Europapokal der Nationen" hätte fast nicht stattgefunden, weil sich zu wenige Länder dafür anmeldeten. Einige Nachzügler machten den Turnierstart dann doch noch möglich, die Bundesrepublik Deutschland war aber nicht dabei. Den ersten Titel gewann schließlich die Sowjetunion – nicht zuletzt dank ihres großartigen Torhüters Lew Jaschin.
Finale: Sowjetunion – Jugoslawien 2 : 1 n. V.

Spanien 1964

Auch die zweite Austragung lief noch unter dem Namen „Europapokal der Nationen" und fand ohne die Bundesrepublik Deutschland statt. Die Nationalmannschaft der DDR schied – wie vier Jahre zuvor – im Achtelfinale aus. Spanien sicherte sich vor heimischer Kulisse den Titel.
Finale: Spanien – Sowjetunion 2 : 1

Gerd Müller trifft zum 1 : 0 im EM-Finale 1972 gegen die Sowjetunion.

Italien 1968

Bei der ersten Austragung als „UEFA Europameisterschaft" startete auch die bundesdeutsche Nationalelf in der Qualifikationsphase, schied jedoch nach einem 0 : 0 gegen Albanien aus. Im Finale zwischen Italien und Jugoslawien stand es nach Verlängerung 1 : 1. Elfmeterschießen war noch nicht vorgesehen. Deshalb kam es zwei Tage später zu einem Wiederholungsspiel. Das Halbfinale zwischen Italien und der Sowjetunion war nach 120 Minuten ohne ein Tor durch einen Münzwurf entschieden worden.
Finale: Italien – Jugoslawien 2 : 0

Belgien 1972

Gerd Müller trug entscheidend zum ersten EM-Sieg der Bundesrepublik Deutschland bei: Im Halbfinale gegen Belgien erzielte er zwei Treffer und auch im Finale gegen die Sowjetunion gingen zwei Tore auf sein Konto. Zur hochkarätig besetzten deutschen Mannschaft gehörten auch Franz Beckenbauer, Günter Netzer, Sepp Maier, Paul Breitner, Hans-Georg Schwarzenbeck, Jupp Heynckes und Uli Hoeneß.
Finale: Bundesrepublik Deutschland – Sowjetunion 3 : 0

Jugoslawien 1976

Die bundesdeutsche Mannschaft war amtierender Welt- und Europameister, startete somit als Favorit in die EM und erreichte schließlich das Endspiel. Zum ersten Mal in einem großen internationalen Turnier wurde das Finale durch Elfmeterschießen entschieden. Uli Hoeneß verschoss den vierten Elfmeter der Deutschen und Torhüter Sepp Maier musste sich am Ende Antonín Panenka geschlagen geben, der den entscheidenden Elfer für die Tschechoslowakei ins Tor lupfte.
Finale: Tschechoslowakei – Bundesrepublik Deutschland 2 : 2 n. V., 5 : 3 i. E.

Italien 1980

Mit „Pinocchio“ kam das erste offizielle EM-Maskottchen zum Einsatz und es brachte der bundesdeutschen Mannschaft Glück im Unglück: Acht Wochen vor Beginn der EM war Horst Hrubesch in den Kader gekommen, weil der Stürmer Klaus Fischer wegen eines Beinbruchs ausfiel. Im Finale erzielte Hrubesch zwei Treffer und sicherte seinem Team den Titel. Den ersten schoss Hrubesch bereits in der 10. Minute ins Netz des belgischen Torwarts Jean-Marie Pfaff, den zweiten köpfte das „Kopfballungeheuer“ in der 89. Minute nach einer Ecke von Karl-Heinz Rummenigge ins Tor.
Finale: Belgien – Bundesrepublik Deutschland 1 : 2

Hansi Müller (oben), Bernd Schuster (Nr. 6) und Hans-Peter Briegel (Nr. 2) bejubeln den zweifachen Torschützen Horst Hrubesch.

Der französische Mannschaftskapitän Michel Platini erzielte 1984 neun Treffer in der EM-Endrunde, was ihm bisher keiner nachmachen konnte.

Frankreich 1984

Bei der WM zwei Jahre zuvor waren die Franzosen im Halbfinale beim Elfmeterschießen an der bundesdeutschen Mannschaft gescheitert. Jetzt wollten sie mehr – und schafften es auch. Sie erkämpften vor heimischer Kulisse ihren ersten internationalen Titel.
Das bundesdeutsche Team kam nicht über die Gruppenphase hinaus. Trainer Jupp Derwall trat in der Folge zurück und Franz Beckenbauer wurde neuer Teamchef.
Finale: Frankreich – Spanien 2 : 0

Deutschland 1988

Als Gastgeber war die bundesdeutsche Mannschaft automatisch für die Endrunde qualifiziert. Im Halbfinale trafen die Deutschen auf die Niederlande. Seit dem WM-Finale 1974, das ebenfalls in Deutschland zwischen den beiden Mannschaften ausgetragen wurde, gelten die beiden Teams als große Fußballrivalen. Marco van Basten, Torschützenkönig des Turniers, erzielte den Siegtreffer zum 2 : 1 für die Niederlande.

Finale: Sowjetunion – Niederlande 0 : 2

Mit den Dänen hatte 1992 keiner gerechnet: Torschütze Kim Vilfort (Dänemark) wird nach seinem 2 : 0 gegen Deutschland von seinen Teamkollegen fast „erdrückt".

Oliver Bierhoff zieht ab und erzielt am 30. Juni 1996 in der 95. Spielminute sein Golden Goal.

Schweden 1992

Mit den Außenseitern aus Dänemark hatte keiner gerechnet – doch sie sorgten in diesem Turnier für die große Überraschung: Sie siegten gegen Frankreich sowie den amtierenden Europameister, die Niederlande, und schlugen schließlich im Finale den Weltmeister Deutschland. Dabei wäre Dänemark eigentlich gar nicht bei der EM dabei gewesen – die Nationalelf hatte die Qualifikation nicht geschafft. Doch dann wurde Jugoslawien aus politischen Gründen vom Turnier ausgeschlossen und die Dänen rückten nach.

Finale: Dänemark – Deutschland 2 : 0

England 1996

Beim Turnier im „Mutterland des Fußballs" erreichten die Deutschen dank Torhüter Andreas Köpke das Viertelfinale, ohne in der Gruppenphase der Endrunde ein Gegentor kassiert zu haben. Im Finale half ihnen eine neue Regel zum Titelgewinn – das „Golden Goal": In der Verlängerung sollte das erste Tor über den Sieg entscheiden. Oliver Bierhoffs erstes Golden Goal ging in die Fußballgeschichte ein und brachte den Deutschen ihren dritten EM-Sieg.

Finale: Tschechische Republik – Deutschland 1 : 2 G. G.

Belgien/Niederlande 2000

Diese EM-Ausgabe wurde ebenfalls durch Golden Goal entschieden – zum zweiten und bislang letzten Mal. Der Treffer des Franzosen David Trezeguet machte die französische Elf zum ersten Team, das als amtierender Weltmeister auch Europameister wurde. Bis dahin war der Gewinn dieser beiden Titel nacheinander nur Deutschland 1972 und 1974 in umgekehrter Reihenfolge gelungen.
Erstmals in der EM-Geschichte gab es mit Belgien und den Niederlanden zwei Gastgeberländer.

Finale: Frankreich – Italien 2 : 1 G. G.

Portugal 2004

Die deutsche Nationalmannschaft kam nicht über die Gruppenphase hinaus – und trotzdem gewann ein Deutscher: Otto Rehhagel, damals Trainer der griechischen Nationalelf, holte mit seinem Team überraschend den EM-Sieg. Mit zwei Niederlagen waren die Griechen in die Qualifikation gestartet, doch dann legten sie eine Serie von sechs Siegen hin und erreichten die Endrunde. Außenseiter Griechenland triumphierte gleich zweimal über den Gastgeber Portugal: beim Eröffnungsspiel und im Finale. Der Erfolg verschaffte Rehhagel den Spitznamen „Rehakles" – in Anlehnung an den griechischen Helden Herakles.
Finale: Portugal – Griechenland 0 : 1

Österreich/Schweiz 2008

Bundestrainer Joachim Löw erhielt im Gruppenspiel gegen Österreich einen Platzverweis – sein österreichischer Kollege Josef Hickersberger und er hatten mit dem Vierten Offiziellen gestritten und mussten den Rest des Spiels von der Tribüne aus verfolgen. Fürs Viertelfinale gegen Portugal wurde Löw deshalb sogar gesperrt und jeder Kontakt zu seinen Spielern war ihm im Stadion bis zum Abpfiff verboten. Assistent Hans-Dieter Flick vertrat ihn an der Seitenlinie. Die Deutschen erreichten das Halbfinale und schließlich das Finale, wo sie sich den durchweg überzeugenden Spaniern geschlagen geben mussten.
Finale: Deutschland – Spanien 0 : 1

Polen/Ukraine 2012

Vier Jahre zuvor hatten die Spanier bei der Europameisterschaft 2008 nach 44 Jahren endlich wieder einen internationalen Titel gewonnen, 2010 folgte der Sieg in der Weltmeisterschaft. Bei der EM 2012 setzten sie ihre Erfolgsserie fort und wiederholten ihren EM-Triumph. Spanien ist damit die erste Mannschaft, die ihren EM-Titel verteidigen konnte und drei große Turniersiege in Folge feiern durfte.
Finale: Spanien – Italien 4 : 0

Ausblick

Bei der Europameisterschaft **2016 in Frankreich** kämpfen erstmals 24 Mannschaften um den Titel. Gastgeber Frankreich ist automatisch qualifiziert. **2020** soll die Europameisterschaft zum ersten Mal **europaweit** stattfinden, in 13 Städten in 13 Ländern.

Titelverteidiger Spanien konnte sich nach 2008 auch 2012 über den EM-Titel freuen.

Die Frauen-Nationalmannschaft

Trotz ihrer jungen Geschichte hat die deutsche Frauen-Nationalmannschaft bereits mit zahlreichen großen Titeln auf sich aufmerksam gemacht. Sie gehört zu den erfolgreichsten Teams der Welt.

2013 setzten sich die deutschen Frauen im EM-Finale gegen Norwegen knapp mit 1 : 0 durch. Damit konnten sie ihren achten EM-Titel – und den sechsten in Folge – feiern.

Die größten Erfolge der deutschen Elf

Zweimal Weltmeister	2003, 2007
Einmal Vize-Weltmeister	1995
Achtmal Europameister	1989, 1991, 1995, 1997, 2001, 2005, 2009, 2013
Dreimal Bronze bei den Olympischen Spielen	2000, 2004, 2008
Deutschlands Mannschaft des Jahres	2003, 2009

‚Man of the Match' werde ich, glaube ich, nie werden.
Nationalspielerin Annike Krahn

Vom DFB verboten

Ab 1956 nahmen deutsche Frauen an Länderspielen teil – inoffiziell, denn der DFB hatte Frauenfußball 1955 verboten: „Aus grundsätzlichen Erwägungen und ästhetischen Gründen" war es Vereinen untersagt, Abteilungen für Frauenfußball zu gründen und Frauen Plätze für Spiele zur Verfügung zu stellen. Zahlreiche Frauen und Mädchen ließen sich dadurch nicht vom Fußballspielen abhalten. Es entstanden verschiedene Frauenfußball-Vereine, -Verbände und -Abteilungen. Die erste inoffizielle Frauenfußball-Weltmeisterschaft fand im Juli 1970 in Italien statt. Als bundesdeutsches Team traten die Frauen vom SC Bad Neuenahr an. Im Oktober 1970 hob der DFB sein Verbot endlich auf – auch um der Gründung eines eigenen übergeordneten Verbandes durch die Fußballerinnen zuvorzukommen. Zur inoffiziellen Frauenfußball-WM 1981 in Taiwan schickte der DFB die Deutschen Meisterinnen von der SSG 09 Bergisch Gladbach – und sie gewannen das Turnier. Erst 1982 wurde offiziell eine Frauen-Nationalmannschaft gegründet.

Rekordtorschützin Birgit Prinz im Jahr 2010 bei einem Länderspiel gegen Kanada.

DDR-Frauen-Nationalmannschaft

Die Frauen-Nationalelf der DDR wurde 1989 gegründet und bestritt nur ein einziges Länderspiel: am 9. Mai 1990 gegen die Tschechoslowakei. Die Partie in Potsdam endete mit einer 0 : 3-Niederlage.

128 Länderspieltore erzielte Rekord-Kickerin Birgit Prinz – mehr als alle anderen deutschen Nationalspielerinnen und -spieler.

Bettina Wiegmann

Kurz vor ihrem 18. Geburtstag stand Bettina Wiegmann zum ersten Mal für die Frauen-Nationalmannschaft auf dem Platz. Danach war die torgefährliche Spielmacherin für große Erfolge der Nationalelf mitverantwortlich. Sie war bei 154 Länderspielen dabei – überholte als erste Lothar Matthäus und seinen Länderspielrekord – und erzielte 51 Tore. Als bisher einzige Frau wurde Bettina Wiegmann, auf Vorschlag von Franz Beckenbauer, zur Ehrenspielführerin des DFB ernannt.

Geboren am: 7. Oktober 1971 in Euskirchen
Größe: 1,70 m
Position: Mittelfeld
Erfolge als Spielerin (Auswahl):

2003	Weltmeisterin
1995	Vize-Weltmeisterin
1991, 1995, 1997, 2001	Europameisterin
2000	Bronzemedaille bei den Olympischen Spielen
1997	Deutsche Meisterschaft und DFB-Pokal mit Grün-Weiß Brauweiler
1991, 1994	DFB-Pokal mit Grün-Weiß Brauweiler
1994	Supercup mit Grün-Weiß Brauweiler

Erfolge als Trainerin:

2006, 2007	U19-Europameisterin (Assistenztrainerin)

Erstes offizielles Länderspiel

Im November 1982 fand vor 5 000 Zuschauern das erste Spiel der DFB-Auswahl statt: Im Koblenzer Stadion Oberwerth kickte sie 2 x 35 Minuten gegen die Schweiz und siegte mit 5 : 1. Zwei Tore erzielte die spätere Bundestrainerin Silvia Neid.

Bundestrainer/-innen

Seit 2005	Silvia Neid (Sie war bisher bei allen WM- und EM-Erfolgen der Nationalelf dabei, erst als Spielerin, dann als Assistenztrainerin und schließlich als Bundestrainerin.)
1996 – 2005	Tina Theune
1982 – 1996	Gero Bisanz

Die Frauen-Weltmeisterschaft

Nachdem die FIFA 1988 in China eine „Test-WM" durchgeführt hatte, richtete sie 1991 dort die erste offizielle Frauen-Weltmeisterschaft aus. Zwölf Länder nahmen daran teil. Seitdem findet das Turnier alle vier Jahre statt. 1991 spielten die Frauen 2 x 40 Minuten, seit 1995 gilt die gleiche Spieldauer wie bei den Männern.

Frauen-WM-Highlights

China 1991

Silvia Neid schoss das erste deutsche Tor bei einer FIFA Frauen-Weltmeisterschaft. Die deutschen Frauen scheiterten im Halbfinale an den späteren Weltmeisterinnen aus den USA.
Finale: Norwegen – USA 1 : 2

Schweden 1995

Die deutsche Nationalelf erreichte das Finale, doch am Ende triumphierten die Gegnerinnen aus Norwegen.
Finale: Deutschland – Norwegen 0 : 2

USA 1999

Erstmals traten 16 Teams in der Endrunde an. Das Interesse an der Frauen-WM war so groß wie nie zuvor – über 90 000 Zuschauer kamen allein zum Endspiel ins Stadion, der damalige US-amerikanische Präsident Bill Clinton war einer von ihnen. Die Gastgeberinnen entschieden das Finale gegen China im Elfmeterschießen für sich.
Finale: USA – China 0 : 0 n. V., 5 : 4 i. E.

0 Gegentore kassierte die deutsche Torfrau Nadine Angerer bei der Weltmeisterschaft 2007 in sechs Spielen bis zum Turniersieg.

Bisherige WM-Siege

Deutschland	2
USA	2
Japan	1
Norwegen	1

4 Millionen ARD-Fernsehzuschauer sahen das Frauen-EM-Halbfinale 1989 zwischen Deutschland und Italien. Es war die erste Live-Übertragung eines Frauen-Nationalmannschaftsspiels im deutschen Fernsehen.

Bisherige EM-Siege

Deutschland	8
Norwegen	2
Schweden	1

Siegprämie Kaffeeservice: Nach dem Gewinn des EM-Titels 1989 schenkte der DFB den deutschen Spielerinnen ein geblümtes Kaffeeservice. Es war Zweite-Wahl-Ware, also mit kleinen Produktionsfehlern. Auch Trainer Gero Bisanz bekam diese Prämie. Bei der WM 2011 hätte die Siegprämie für die Frauen bei erfolgreichem Abschneiden 60 000 Euro betragen.

Nia Künzer erzielte in der 98. Minute das Golden Goal gegen Schweden.

USA 2003

Die deutsche Nationalspielerin Nia Künzer beendete das Finale gegen Schweden mit einem Golden Goal – die deutschen Frauen holten ihren ersten WM-Titel. Sie wurden nach ihrer Rückkehr begeistert auf dem Frankfurter Rathausplatz, am Römer, gefeiert.
Finale: Deutschland – Schweden 2 : 1 G. G.

China 2007

Das deutsche Team startete mit einem 11 : 0-Sieg gegen Argentinien ins Turnier und kickte sich bis ins Finale gegen Brasilien. Das Aufeinandertreffen der beiden Weltfußballerinnen Birgit Prinz (Deutschland) und Marta (Brasilien) wurde mit Spannung erwartet. Deutschland konnte als erstes Team seinen Frauen-WM-Titel verteidigen.
Finale: Deutschland – Brasilien 2 : 0

Deutschland 2011

Hohe Erwartungen hatte man an die deutsche Elf bei der ersten Frauen-WM im eigenen Land. Leider war im Viertelfinale Schluss für die deutsche Frauen-Nationalmannschaft. Die neuen Weltmeisterinnen kamen aus Japan.
Finale: Japan – USA 2 : 2 n. V., 3 : 1 i. E.

Die Japanerinnen bei der Siegerehrung nach dem Finale gegen die USA.

Ausblick

Bei der Frauen-WM in **Kanada 2015** werden erstmals 24 Teams antreten.

Die Frauen-Europameisterschaft

Die erste offizielle „Europäische Meisterschaft für Frauenfußball" der UEFA wurde zwischen 1982 und 1984 ausgetragen und von den Schwedinnen gewonnen. Bei der zweiten Ausgabe fand 1987 eine Endrunde der vier Gruppenersten in Norwegen statt. Vor heimischer Kulisse siegten die Gastgeberinnen. 1989 kamen wieder vier Teams in die Endrunde und die bundesdeutsche Elf war eines von ihnen. Im eigenen Land holte sie ihren ersten Titel. Zwei Jahre später wurde das Turnier erstmals unter dem Namen „UEFA-Europameisterschaft für Frauen" ausgetragen. Und die deutsche Frauen-Nationalelf (seit der deutschen Wiedervereinigung gab es nur noch eine Mannschaft) konnte den Titel verteidigen. 1993 feierten die Norwegerinnen ihren zweiten EM-Sieg. 1995 wurde die Spielzeit von 2 x 40 auf 2 x 45 Minuten verlängert. Das Finale fand in Kaiserslautern statt und die Deutschen gewannen erneut im eigenen Land. 1997 wurde erstmalig eine Endrunde mit acht Teams gespielt. Das Turnier wurde ab jetzt im Vier-Jahres-Rhythmus durchgeführt – und bis einschließlich 2013 siegten immer die Deutschen! Ab 2009 nahmen 12 Teams an der Endrunde teil, 2017 sollen es erstmals 16 sein.

WM-Sieger

2010	Spanien	1970	Brasilien
2006	Italien	1966	England
2002	Brasilien	1962	Brasilien
1998	Frankreich	1958	Brasilien
1994	Brasilien	1954	Deutschland
1990	Deutschland	1950	Uruguay
1986	Argentinien	1938	Italien
1982	Italien	1934	Italien
1978	Argentinien	1930	Uruguay
1974	Deutschland		

WM-Torschützenkönige seit 1990

2010	Diego Forlán, Uruguay Thomas Müller, Deutschland Wesley Sneijder, Niederlande David Villa, Spanien	5
2006	Miroslav Klose, Deutschland	5
2002	Ronaldo, Brasilien	8
1998	Davor Suker, Kroatien	6
1994	Oleg Salenko, Russland Christo Stoitschkow, Bulgarien	6
1990	Salvatore Schillaci, Italien	6

EM-Sieger

2012	Spanien	1984	Frankreich
2008	Spanien	1980	Deutschland
2004	Griechenland	1976	Tschechoslowakei
2000	Frankreich	1972	Deutschland
1996	Deutschland	1968	Italien
1992	Dänemark	1964	Spanien
1988	Niederlande	1960	Sowjetunion

EM-Torschützenkönige seit 1992

2012	Mario Balotelli, Italien Alan Dsagojew, Russland Mario Gómez, Deutschland Mario Mandžukić, Kroatien Cristiano Ronaldo, Portugal Fernando Torres, Spanien	3
2008	David Villa, Spanien	4
2004	Milan Baroš, Tschechische Republik	5
2000	Patrick Kluivert, Niederlande Savo Milošević, Jugoslawien	5
1996	Alan Shearer, England	5
1992	Dennis Bergkamp, Niederlande Tomas Brolin, Schweden Karl-Heinz Riedle, Deutschland Henrik Larsen, Dänemark	3

WM-Siegerinnen

2011	Japan
2007	Deutschland
2003	Deutschland
1999	USA
1995	Norwegen
1991	USA

WM-Torschützenköniginnen

2011	Homare Sawa, Japan	5
2007	Marta, Brasilien	7
2003	Birgit Prinz, Deutschland	7
1999	Sun Wen, China	7
1995	Ann Kristin Aarones, Norwegen	6
1991	Michelle Akers, USA	10

EM-Siegerinnen

2013	Deutschland
2009	Deutschland
2005	Deutschland
2001	Deutschland
1997	Deutschland
1995	Deutschland
1993	Norwegen
1991	Deutschland
1989	Deutschland
1987	Norwegen
1984	Schweden

EM-Torschützenköniginnen

2013	Lotta Schelin, Schweden	5
2009	Inka Grings, Deutschland	6
2005	Inka Grings, Deutschland	4
2001	Claudia Müller, Deutschland Sandra Smisek, Deutschland	3
1997	Carolina Morace, Italien Marianne Pettersen, Norwegen Angélique Rouhas, Frankreich	3
1995	Lena Videkull, Schweden	4
1993	Susan Mackensie, Dänemark	4
1991	Heidi Mohr, Deutschland	4

Stars und Legenden

Eine Auswahl der Besten

Der Fußballsport hat seit seiner Verbreitung in der Welt zahlreiche große Talente hervorgebracht – und neue kommen nach. Darum wird eine Liste der Besten nie vollständig sein. Die hier aufgeführten Spieler haben haufenweise Erfolge und Auszeichnungen gesammelt, von denen nur die wichtigsten aufgezählt werden können.

Michelle Akers

Ihren großen internationalen Durchbruch hatte Akers bei der Frauen-WM 1991 in China. Mit zehn Treffern war sie maßgeblich am Titelgewinn der USA beteiligt. In ihrer aktiven Zeit galt sie als beste Spielerin der Welt und war die erste US-amerikanische Kickerin, der ein Schuhhersteller einen Werbevertrag anbot.
Geboren am: 1. Februar 1966 in Santa Clara, Kalifornien, USA
Position: Mittelfeld
Vereine:
1984–1989 University of Central Florida; 1990, 1992, 1994 Tyresö FF; 1993 Orlando Calibre Soccer Club
Nationalmannschaft: 153 Länderspiele für die USA
Erfolge/Auszeichnungen (Auswahl):
1991, 1999 Weltmeisterin; 1996 Olympiasiegerin; 1998 FIFA Order of Merit (höchste FIFA-Auszeichnung); 2000 Wahl zur FIFA-Spielerin des Jahrhunderts

Gordon Banks leistete der englischen Nationalelf große Dienste und holte mit ihr im berühmten Wembley-Finale gegen Deutschland 1966 den WM-Titel. Vom Internationalen Verband für Fußballgeschichte und Statistik (IFFHS) wurde er nach Lew Jaschin zum zweitbesten Torhüter des 20. Jahrhunderts gewählt.

Roberto Baggio

Baggio war 1990 der teuerste Spieler der Welt: Er wechselte für ca. 15 Milliarden Lire (rund 7,8 Millionen Euro) vom AC Florenz zu Juventus Turin. Weil er einen Haarzopf trug und so gut spielte, wurde der Italiener „Divin Codino" – „göttliches Zöpfchen" – genannt. Sein letzter Verein (Brescia Calcio) beschloss, Baggios Rückennummer, die 10, nach Beendigung seiner Fußballerkarriere nicht wieder zu vergeben.
Geboren am: 18. Februar 1967 in Caldogno, Italien
Position: Angriff (Mittelfeld, Sturm)
Vereine:
1982–1985 Lanerossi Vicenza; 1985–1990 AC Florenz; 1990–1995 Juventus Turin; 1995–1997 AC Mailand; 1997–1998 FC Bologna; 1998–2000 Inter Mailand; 2000–2004 Brescia Calcio
Nationalmannschaft: 56 Länderspiele für Italien
Erfolge/Auszeichnungen (Auswahl):
1994 Vize-Weltmeister; 1993 UEFA-Pokal-Sieger; 1995, 1996 Italienischer Meister; 1995 Italienischer Pokalsieger; 1993 Europas Fußballer des Jahres und Weltfußballer des Jahres

Gordon Banks

Er spielte nie bei einem der Spitzenklubs und trotzdem zählt er zu den besten Torhütern der Geschichte. „Banks of England" nannte man ihn, weil er so sicher war wie die Bank von England.
Geboren am: 30. Dezember 1937 in Sheffield, England
Position: Torwart
Vereine:
1955–1959 FC Chesterfield; 1959–1967 Leicester City; 1967–1972 Stoke City; 1977 St. Patrick's Athletic; 1977–1978 Fort Lauderdale Strikers
Nationalmannschaft: 73 Länderspiele für England
Erfolge/Auszeichnungen (Auswahl):
1966 Weltmeister; 1964, 1972 Englischer Pokalsieger; 1972 Englands Fußballer des Jahres; 1970 Ernennung zum „Officer of the British Empire"

Franco Baresi

Die Rückennummer „6" gehört allein Baresi – nach dem Ende seiner Karriere auf dem Platz hat sein einziger Klub, der AC Mailand, sie nicht mehr neu vergeben. Die von Baresi organisierte Abwehr trug entscheidend zu den Vereinserfolgen bei. Er verstand es außerdem, das Spiel mitzugestalten, und gilt darum als einer der besten Liberos der Welt.

Geboren am: 8. Mai 1960 in Travagliato, Italien
Position: Verteidiger, Libero
Verein:
1977–1997 AC Mailand
Nationalmannschaft: 81 Länderspiele für Italien
Erfolge/Auszeichnungen (Auswahl):
1982 Weltmeister; 1989, 1990 Weltpokalsieger; 1989, 1990, 1994 Europapokal der Landesmeister/ Champions-League-Sieger; 6 x Italienischer Meister; 1990 Italiens Fußballer des Jahres

Baresi 1994 im Trikot des italienischen Nationalteams – auch mit der „6".

George Best

Auf dem Platz beeindruckte er durch seine Schnelligkeit und sein überragendes Dribbling. Privat hatte er zahlreiche Probleme. „Ich habe viel von meinem Geld für Alkohol, Weiber und schnelle Autos ausgegeben. Den Rest habe ich verprasst", sagte er einmal. Er gilt als erster Popstar des Fußballs und wurde wegen seiner langen Haare auch als „fünfter Beatle" bezeichnet. Als Best starb, sagte der damalige britische Premierminister Tony Blair: ‚George Best war einer der größten Fußballer, die Großbritannien jemals hervorgebracht hat." Zu seiner Beerdigung kamen Hunderttausende.

Geboren am: 22. Mai 1946 in Cregagh, Belfast, Nordirland
Gestorben am: 25. November 2005 in London
Position: Mittelfeld
Vereine:
1961–1974 Manchester United; danach zahlreiche Vereinswechsel
Nationalmannschaft: 37 Länderspiele für Nordirland
Erfolge/Auszeichnungen (Auswahl):
1965, 1967 Englischer Meister; 1968 Europapokal der Landesmeister; 1968 Englands und Europas Fußballer des Jahres; 2006 wurde der „City Airport" von Belfast in ‚George Best Belfast City Airport" umbenannt.

Franz Beckenbauer

Als 13-Jähriger bekam Franz Beckenbauer von einem Spieler des TSV 1860 München eine Ohrfeige verpasst. Daraufhin entschied er sich, lieber für den FC Bayern zu spielen, anstatt wie geplant zu den Sechzigern zu wechseln. „Für den deutschen Fußball war und ist er das pure Glück. Nie hat es einen Besseren gegeben. Nie wird es einen Besseren geben", schrieb Günter Netzer zum 65. Geburtstag von Beckenbauer.

Geboren am: 11. September 1945 in München, Deutschland
Position: Verteidiger (Libero, Spielmacher)
Vereine:
1958–1977 FC Bayern München; 1977–1980 Cosmos New York; 1980–1982 Hamburger SV; 1983 Cosmos New York
Nationalmannschaft: 103 Länderspiele für Deutschland
Erfolge/Auszeichnungen (Auswahl):
1972 Europameister; 1974 Weltmeister; 1974, 1975, 1976 Europapokal der Landesmeister; 1967 Europapokal der Pokalsieger; 1976 Weltpokalsieger; 5 x Deutscher Meister, 4 x DFB-Pokalsieger, 3 x US-Meister; Deutschlands Fußballer des Jahrhunderts; Jahrhundert-Verdienstorden der FIFA; Ehrenspielführer des DFB – und viele Auszeichnungen mehr!

Nicht nur als Spieler war „Kaiser Franz" erfolgreich, sondern auch als Trainer – zum Beispiel als Teamchef der deutschen Nationalelf, mit der er 1990 den Weltmeistertitel feiern konnte. Als Funktionär holte er die WM 2006 nach Deutschland.

David (Robert Joseph) Beckham

Er machte nicht nur auf dem Platz auf sich aufmerksam, sondern war auch ein Popstar des Fußballs und brachte seinen Klubs neben sportlichen Erfolgen auch beachtliche Einnahmen, z. B. durch Fan-Artikel. Seine Spezialität waren Flanken, Freistöße und sehr genaue Zuspiele. Seine größten Triumphe auf dem Platz feierte Beckham mit Manchester United.

Geboren am: 2. Mai 1975 in Leytonstone, England

Position: Mittelfeld

Vereine:
1992–2003 Manchester United; 1995 Preston North End; 2003–2007 Real Madrid; 2007–2012 Los Angeles Galaxy; 2009, 2010 AC Mailand; 2013 Paris Saint-Germain

Nationalmannschaft: 115 Länderspiele für England

Erfolge/Auszeichnungen (Auswahl):
1999 Weltpokalsieger; 1999 Champions-League-Sieger; 6 x Englischer Meister; 1996, 1999 Englischer Pokalsieger; 2007 Spanischer Meister; 2013 Französischer Meister; 1999 UEFA Spieler des Jahres; 2001 Englands Sportler des Jahres; 2003 Ernennung zum „Officer of the British Empire"

Johan Cruyff (Hendrik Johannes Cruyff)

Der technisch hervorragende Fußballer gilt als einer der besten Spielmacher aller Zeiten. Mit seiner Art, ein Spiel zu leiten und zu dirigieren, prägte er den niederländischen Fußball der 1970er-Jahre. Als Trainer war er ebenso ehrgeizig wie erfolgreich.

Geboren am: 25. April 1947 in Amsterdam, Niederlande

Position: Sturm/Mittelfeld (Spielmacher)

Vereine:
1964–1973 Ajax Amsterdam; 1973–1978 FC Barcelona; 1979 Los Angeles Aztecs; 1980–1981 Washington Diplomats; 1981 UD Levante; 1981–1983 Ajax Amsterdam; 1983–1984 Feyenoord Rotterdam

Nationalmannschaft: 48 Länderspiele für die Niederlande

Erfolge/Auszeichnungen (Auswahl):
1974 Vizeweltmeister, Bester Spieler der WM; 1971, 1972, 1973 Europapokal der Landesmeister; 9 x Niederländischer Meister; 6 x Niederländischer Pokalsieger; 1974 Spanischer Meister; 1978 Spanischer Pokalsieger; 1971, 1973, 1974 Europas Fußballer des Jahres

Bobby Charlton (Sir Robert Charlton)

Der „Gentleman des Fußballs" galt als sehr fairer Spieler und wurde in seiner ganzen Karriere nur einmal verwarnt – nicht wegen eines Fouls, sondern weil er einen Streit schlichten wollte. Charlton überlebte 1958 einen Flugzeugabsturz in München, durch den acht Mitglieder von Manchester United ums Leben kamen.

Geboren am: 11. Oktober 1937 in Ashington, England

Position: Mittelfeld

Vereine:
1953–1973 Manchester United;
1973–1975 Preston North End

Nationalmannschaft: 106 Länderspiele für England

Erfolge/Auszeichnungen (Auswahl):
1966 Weltmeister; 1968 Europapokal der Landesmeister; 1957, 1965, 1967 Englischer Meister; 1963 Englischer Pokalsieger; 1966 Englands und Europas Fußballer des Jahres; 1994 Erhebung in den Adelsstand als „Knight Commander of the Order of the British Empire"

Alfredo Di Stéfano (Alfredo Stéfano Di Stéfano Laulhe)

Der großartige Spielmacher und überragende Torjäger wurde wegen seiner hellen Haarfarbe „el alemán" (der Deutsche) genannt und in Kombination mit seiner Schnelligkeit auch „la saeta rubia" (der blonde Pfeil). Zu den großen Erfolgen von Real Madrid als dem „weißen Ballett" hat Di Stéfano zu seiner Zeit entscheidend beigetragen. Nach seiner Spielerkarriere arbeitete Di Stéfano noch viele Jahre erfolgreich als Trainer.

Geboren am: 4. Juli 1926 in Buenos Aires, Argentinien
Position: Stürmer
Vereine:
1943–1945 River Plate Buenos Aires; 1946 Huracán Buenos Aires; 1947–1949 River Plate Buenos Aires; 1949–1953 Los Millonarios Bogotá; 1953–1964 Real Madrid; 1964–1966 RCD Español Barcelona
Nationalmannschaft: 6 Länderspiele für Argentinien, 4 für Kolumbien, 31 für Spanien
Erfolge/Auszeichnungen (Auswahl):
1947 Südamerika-Meister; 1960 Weltpokalsieger; 5 x Europapokal der Landesmeister; 1945, 1947 Argentinischer Meister; 4 x Kolumbianischer Meister; 1953 Kolumbianischer Pokalsieger; 8 x Spanischer Meister; 1962 Spanischer Pokalsieger; 1957, 1959 Europas Fußballer des Jahres

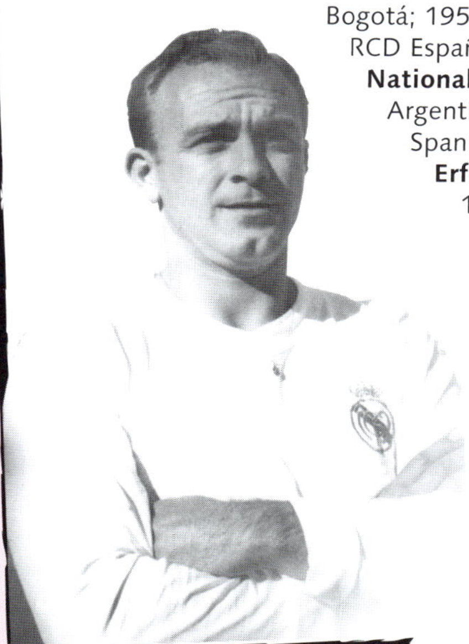

Eusébio (Eusébio da Silva Ferreira)

Sein Torinstinkt und seine Schnelligkeit machten den „ersten Superstar des afrikanischen Kontinents" zu einem der gefährlichsten Torjäger aller Zeiten. Davon zeugen zum Beispiel seine 320 Treffer in 313 portugiesischen Ligaspielen. In den 1960er-Jahren hatte er großen Anteil an den Erfolgen von Benfica Lissabon. In Portugal wird er als Fußballidol verehrt.

Geboren am: 25. Januar 1942 in Lourenço Marques, heutiges Mosambik
Position: Stürmer
Vereine:
1957–1960 Sporting Lourenço Marques; 1960–1975 Benfica Lissabon; 1975–1978 verschiedene Klubs in USA, Mexiko, Kanada, Portugal
Nationalmannschaft: 64 Länderspiele für Portugal
Erfolge/Auszeichnungen (Auswahl):
1962 Europapokal der Landesmeister; 11 x Portugiesischer Meister; 5 x Portugiesischer Pokalsieger; 1966 Torschützenkönig (9 Treffer) und Bester Spieler der WM; 1970, 1973 Portugals Fußballer des Jahres; 1965 Europas Fußballer des Jahres

Luís (Filipe Madeira Caeiro) Figo

Mit 127 Länderspielen wurde er zum Rekordnationalspieler Portugals. Seinen Wechsel vom FC Barcelona zum Erzrivalen Real Madrid haben ihm manche Fans übel genommen. Der Transfer machte ihn im Jahr 2000 zum teuersten Spieler der Welt: Etwa 58 Millionen Euro betrug die Ablösesumme.

Geboren am: 4. November 1972 in Lissabon, Portugal
Position: Mittelfeld, Spielmacher und Angreifer
Vereine:
1983–1995 Sporting Lissabon; 1995–2000 FC Barcelona; 2000–2005 Real Madrid; 2005–2009 Inter Mailand
Nationalmannschaft: 127 Länderspiele für Portugal
Erfolge/Auszeichnungen (Auswahl):
1997 Europapokal der Pokalsieger; 2002 Champions-League-Sieger; 2002 Weltpokalsieger; 1995 Portugiesischer Pokalsieger; 1997, 1998 Spanischer Pokalsieger; 4 x Spanischer Meister; 4 x Italienischer Meister; 2006 Italienischer Pokalsieger; 6 x Portugals Fußballer des Jahres; 2000 Europas Fußballer des Jahres; 2001 Weltfußballer des Jahres

Garrincha (Manoel Francisco dos Santos)

Seine Eigenwilligkeit war bekannt und gefürchtet bei Mitspielern und Trainern – für seine genialen Dribblings liebten sie ihn. Seine Brüder nannten ihn „Garrincha" nach einem Urwaldvogel, mit dem sie ihn wegen seiner Beine verglichen: Diese waren von Geburt an krumm und mussten bei einer Operation gerichtet werden. Dennoch blieb das linke Bein kürzer als das rechte. Superstar und Ikone Pelé sagte über ihn: „Ohne Garrincha wäre ich nicht dreifacher Weltmeister geworden."

Geboren am: 28. Oktober 1933 in Pau Grande, Brasilien
Gestorben am: 20. Januar 1983 in Rio de Janeiro, Brasilien
Position: Stürmer
Vereine:
1953–1966 Botafogo Rio de Janeiro; 1966–1967 Corinthians São Paulo; 1967–1968 Barranquilla; 1968–1969 Flamengo Rio de Janeiro; 1969–1971 Red Star Paris; 1972–1973 Olaria AC
Nationalmannschaft: 50 Länderspiele für Brasilien
Erfolge/Auszeichnungen (Auswahl):
1958, 1962 Weltmeister; 1962 Bester Spieler und Torschützenkönig der WM; 1957, 1961, 1962 Meister des Bundesstaates Rio de Janeiro

Mia Hamm (Mariel Margaret Hamm)

Mit 15 Jahren bestritt Mia Hamm ihr erstes Länderspiel und war damit die bis dahin jüngste US-Nationalspielerin. Sie war die erste Fußballerin, die durch Werbung Millionen verdiente. Ihr Ausrüster hat zum Beispiel einen eigenen Schuh für sie kreiert und es gab eine Fußball-Barbie-Puppe nach ihrem Vorbild.

Geboren am: 17. März 1972 in Selma, Alabama, USA
Position: Stürmerin
Vereine:
1989–1993 Collegeteam der University of South Carolina; 2001–2003 Washington Freedom
Nationalmannschaft: 275 Länderspiele für die USA
Erfolge/Auszeichnungen (Auswahl):
1991, 1999 Weltmeisterin; 1996, 2004 Olympiasiegerin; 2003 US-Meisterin; 2001, 2002 Weltfußballerin des Jahres; Weltfußballerin des Jahrhunderts

Lew (Iwanowitsch) Jaschin

Was heute selbstverständlich ist, machte er schon zu seiner Zeit: Jaschin spielte mit und agierte oft weit vor seinem Tor. Der 1,90 m große Torhüter hatte ausgezeichnete Reflexe und wurde wegen seines schwarzen Trikots „schwarzer Panther", „schwarze Spinne" und „schwarze Krake" genannt. Zu Beginn seiner Laufbahn spielte er im Sommer Fußball und im Winter stand er im Eishockeytor.
Geboren am: 22. Oktober 1929 in Bogorodskoje, Russland
Gestorben am: 20. März 1990 in Moskau
Position: Torwart
Verein:
1945–1971 Dynamo Moskau
Nationalmannschaft: 78 Länderspiele für die Sowjetunion
Erfolge/Auszeichnungen (Auswahl):
1956 Olympiasieger; 1960 Europameister; 5 x Sowjetischer Meister; 1953, 1967, 1970 Sowjetischer Pokalsieger; 1963 Europas Fußballer des Jahres; 1967 Leninorden der Sowjetunion; Welttorhüter und Sportler des 20. Jahrhunderts (nach seinem Tod)

Sepp Maier (Josef Dieter Maier)

Er zählt immer noch zu den beliebtesten Sportlern in Deutschland, auch wegen seines Humors. Dabei war der Weltklassetorwart nicht nur ein Spaßvogel – er war auch sehr ehrgeizig. Seine hervorragenden Reflexe brachten ihm den Spitznamen „Katze von Anzing" ein. Nach seiner aktiven Zeit trainierte er die Torhüter des FC Bayern München und der deutschen Nationalmannschaft.

Geboren am: 28. Februar 1944 in Metten, Deutschland
Position: Torwart
Vereine:
1952–1959 TSV Haar; 1959–1979 FC Bayern München
Nationalmannschaft: 95 Länderspiele für Deutschland
Erfolge/Auszeichnungen (Auswahl):
1974 Weltmeister; 1972 Europameister; 1967 Europapokal der Pokalsieger; 1974, 1975, 1976 Europapokal der Landesmeister; 1976 Weltpokalsieger; 4 x Deutscher Meister; 4 x DFB-Pokalsieger; 1975, 1977, 1978 Deutschlands Fußballer des Jahres; 1978 Bundesverdienstkreuz; Deutschlands Torhüter des Jahrhunderts

Diego (Armando) Maradona

Als Kind ist Maradona mit dem Ball in der Hand eingeschlafen – er war sein liebstes Spielzeug. Bei der Weltmeisterschaft 1986 war Maradona der Star und führte das argentinische Team mit seinen überragenden Leistungen zum Titel. Sein Trainer Carlos Bilardo sagte: „Ich danke Gott, dass Maradona ein Argentinier ist." Abseits des Platzes sorgte Maradona regelmäßig für weniger schöne Schlagzeilen, u. a. wegen seiner Drogenprobleme.

Geboren am: 30. Oktober 1960 in Villa Fiorito, Argentinien
Position: Mittelfeld (Spielmacher, Angreifer)
Vereine:
1976–1981 Argentinos Juniors; 1981–1982 Boca Juniors; 1982–1984 FC Barcelona; 1984–1991 SSC Neapel; 1992–1993 FC Sevilla; 1993–1994 Newell's Old Boys; 1995–1997 Boca Juniors
Nationalmannschaft: 91 Länderspiele für Argentinien
Erfolge/Auszeichnungen (Auswahl):
1986 Weltmeister und Bester Spieler der WM; 1989 UEFA-Pokal-Sieger; 1981 Argentinischer Meister; 1983 Spanischer Pokalsieger; 1987, 1990 Italienischer Meister; 1987 Italienischer Pokalsieger; 4 x Argentiniens Fußballer des Jahres; 6 x Südamerikas Fußballer des Jahres; 1986 Weltsportler des Jahres

Marta (Marta Vieira da Silva)

Sie ist der Superstar des brasilianischen Frauen-Nationalteams: Fünfmal in Folge wurde sie zur Weltfußballerin gewählt. Als Siebenjährige begann Marta gegen die Jungs auf der Straße zu kicken – und war nach kurzer Zeit besser als ihre Gegner. In Maceió, Brasilien, plante man bereits 2011 ein eigenes Museum für die Ausnahme-Fußballerin.

Geboren am: 19. Februar 1986 in Dois Riachos, Brasilien
Position: Stürmerin
Vereine:
2000–2002 Vasco da Gama; 2002–2004 Santa Cruz FC; 2004–2008 Umeå IK; 2009 Los Angeles Sol; 2009–2010 FC Santos; 2010 FC Gold Pride; 2011 Western New York Flash; ab 2012 Tyresö FF
Nationalmannschaft: Brasilien
Erfolge/Auszeichnungen (Auswahl):
2007 Vize-Weltmeisterin, Beste Spielerin und Torschützenkönigin der WM; 2004, 2008 Silber bei den Olympischen Spielen; 2003, 2010 Südamerika-Meisterin; 2004 UEFA-Pokal-Siegerin; 5 x Schwedische Meisterin; 5 x Weltfußballerin des Jahres in Folge 2006 bis 2010

Lothar Matthäus gegen Carlos Valderrama (Kolumbien) bei der WM 1990.

Lothar (Herbert) Matthäus

Bei fünf Weltmeisterschaften war der Rekordnationalspieler dabei – er war Kapitän, als die deutsche Nationalelf 1990 Weltmeister wurde. Mit dem FC Bayern München begann die Zeit seiner großen Vereinserfolge, in der italienischen Liga wurde er endgültig zum Weltstar. Seit Ende seiner Karriere als Spieler arbeitet Matthäus als TV-Experte und Trainer. Er würde gerne als Trainer in die Bundesliga zurückkehren.

Geboren am: 21. März 1961 in Erlangen, Deutschland
Position: Mittelfeld
Vereine:
1979–1984 Borussia Mönchengladbach; 1984–1988 FC Bayern München; 1988–1992 Inter Mailand; 1992–2000 FC Bayern München; 2000 New York/New Jersey Metro Stars
Nationalmannschaft: 150 Länderspiele für Deutschland
Erfolge/Auszeichnungen (Auswahl):
1990 Weltmeister; 1980 Europameister; 1991, 1996 UEFA-Pokal-Sieger; 7 x Deutscher Meister; 1986, 1998 DFB-Pokalsieger; 1989 Italienischer Meister; 1990 Europas Fußballer des Jahres; 1990, 1999 Deutschlands Fußballer des Jahres; 1991 Weltfußballer des Jahres; Ehrenspielführer der deutschen Nationalmannschaft

Lionel Messi

(Lionel „Leo" Andrés Messi Cuccitini)

Den ersten Vertrag, den Messi vom FC Barcelona bekam, schrieb der damalige Manager auf eine Serviette. Nachdem er ihn am Ball gesehen hatte, wollte er ihn schnellstens verpflichten. Messi gilt als sehr ruhiger, scheuer und bescheidener Mensch. Er ist in der Lage, Spiele alleine zu entscheiden. Seine Ablösesumme vom FC Barcelona wurde 2009 auf 250 Millionen Euro angehoben. Aber Messi will sich sowieso nicht von dem Verein trennen, weil der so viel für ihn getan hat. „Sie müssten mich rauswerfen, damit ich Barça verlasse", sagte er.

Geboren am: 24. Juni 1987 in Rosario, Argentinien
Position: Stürmer
Vereine:
1992–1995 Grandoli FC; 1995–2000 Newell's Old Boys; seit 2000 FC Barcelona
Nationalmannschaft: Argentinien
Erfolge/Auszeichnungen (Auswahl):
2008 Olympiasieger; 2006, 2009, 2011 Champions-League-Sieger; 6 x Spanischer Meister; 2009, 2012 Spanischer Pokalsieger; 3 x Bester Spieler in der spanischen Liga; 7 x Argentiniens Fußballer des Jahres; 2009 Europas Fußballer des Jahres; Bester Spieler in Europa 2010/11 der UEFA; 4 x in Folge Weltfußballer des Jahres

Pelé in Aktion für Cosmos New York im Jahr 1975.

Gerd Müller (Gerhard Müller)

Er sammelte Torrekorde – zum Beispiel 365 Bundesligatore in 427 Einsätzen, 40 Tore in der Bundesligasaison 1971/72, siebenmal Torschützenkönig der Bundesliga und als Nationalspieler 68 Treffer in 62 Länderspielen. Seinen Siegtreffer zum 2 : 1 für Deutschland im WM-Finale 1974 gegen die Niederlande bezeichnete Müller selbst als sein wichtigstes Tor. Und auch andere deutsche Fußball-Erfolge der 1970er-Jahre sind eng mit dem Mittelstürmer Gerd Müller verbunden. Heute ist der „Bomber der Nation" beim FC Bayern München als Assistenztrainer für den Jugend- und Amateurbereich tätig.

Geboren am: 3. November 1945 in Nördlingen, Deutschland

Position: Stürmer

Vereine:

1955–1964 TSV 1861 Nördlingen; 1964–1979 FC Bayern München; 1979–1981 Fort Lauderdale Strikers; 1981–1982 Smith Brothers Lounge

Nationalmannschaft: 62 Länderspiele für Deutschland

Erfolge/Auszeichnungen (Auswahl):

1972 Europameister; 1974 Weltmeister; 1974, 1975, 1976 Europapokal der Landesmeister; 1967 Europapokal der Pokalsieger; 1976 Weltpokalsieger; 4 x Deutscher Meister; 4 x DFB-Pokalsieger; 1967, 1969 Deutschlands Fußballer des Jahres; 1970 Europas Fußballer des Jahres; 1970, 1972 Bester Torschütze Europas

Pelé (Edson Arantes do Nascimento)

Bei Pelé überbieten sich Fans, Journalisten, Mit- und Gegenspieler in ihren Schilderungen seines Könnens. Die brasilianische Regierung ernannte den damals erst 19-Jährigen zum „Nationalheiligtum", das nicht ins Ausland verkauft werden durfte. Für viele seiner Landsleute war und ist er ein leuchtendes Vorbild, dem es gelungen ist, der Armut zu entfliehen. Pelé ist Botschafter der WM 2014 in Brasilien.

Geboren am: 23. Oktober 1940 in Tres Corações, Brasilien

Position: Stürmer

Vereine:

1956–1974 FC Santos; 1975–1977 Cosmos New York

Nationalmannschaft: 91 Länderspiele für Brasilien

Erfolge/Auszeichnungen (Auswahl):

1958, 1962, 1970 Weltmeister; 1962, 1963 Weltpokalsieger; 1962, 1963 Copa Libertadores; 10 x Meister des Bundesstaats São Paulo; 6 x Brasilianischer Pokalsieger; 1977 US-Meister; Weltrekord: 1281 Tore in 1363 Spielen(!); Bester Torschütze Brasiliens aller Zeiten; 1999 vom Internationalen Olympischen Komitee zum Sportler des Jahrhunderts und 2000 von der FIFA zum Fußballer des Jahrhunderts gewählt – und unendlich viele weitere Auszeichnungen!

Michel (François) Platini

1984 führte er die französische Nationalmannschaft zum Sieg bei der Europameisterschaft. Den Weltmeistertitel konnte er trotz dreimaliger Turnierteilnahme nie gewinnen. Er sagt von sich selbst, dass er – im Vergleich z. B. zum deutschen Nationalspieler Mesut Özil – ein eher lauffauler Spieler war. Dafür war seine Ballbehandlung einzigartig und seine Schusstechnik hervorragend. Als Funktionär ist Platini auch heute noch sehr erfolgreich; seit 2007 ist er UEFA-Präsident.

Geboren am: 21. Juni 1955 in Joeuf, Frankreich

Position: Mittelfeld

Vereine:

1966–1972 AS Joeuf; 1972–1979 AS Nancy; 1979–1982 AS Saint-Étienne; 1982–1987 Juventus Turin

Nationalmannschaft: 72 Länderspiele für Frankreich

Erfolge/Auszeichnungen (Auswahl):

1984 Europameister; 1984 Europapokal der Pokalsieger; 1985 Europapokal der Landesmeister; 1985 Weltpokalsieger; 1981 Französischer Meister; 1978 Französischer Pokalsieger; 1983 Italienischer Pokalsieger; 1984, 1986 Italienischer Meister; 1976, 1977 Frankreichs Fußballer des Jahres; 1984 Italiens Fußballer des Jahres; 1983, 1984, 1985 Europas Fußballer des Jahres

Birgit Prinz

Mit 128 Länderspieltoren ist sie Rekordtorschützin des DFB (bei Frauen und Männern). Ihre Nationalmannschaftserfolge sind beachtlich und auch mit ihrem langjährigen Verein, dem 1. FFC Frankfurt, konnte sie unglaublich viele große Siege feiern. Dabei blieb sie zurückhaltend, Star-Allüren waren ihr fremd, sie sah sich immer als Teil der Mannschaft. Für Steffi Jones, DFB-Direktorin für Frauen- und Mädchenfußball, ist Prinz „die Lichtgestalt des deutschen Frauenfußballs".
Geboren am: 25. Oktober 1977 in Frankfurt a. M., Deutschland
Position: Stürmerin
Vereine:
1992–1998 FSV Frankfurt; 1998–2002 1. FFC Frankfurt; 2002 Carolina Courage; 2002–2011 1. FFC Frankfurt; 2012–2013 TSG 1899 Hoffenheim
Nationalmannschaft: 214 Länderspiele für Deutschland
Erfolge/Auszeichnungen (Auswahl):
2003, 2007 Weltmeisterin; 1995, 1997, 2001, 2005, 2009 Europameisterin; 2002, 2006, 2008 Women's-Champions-League-Siegerin; 9 x Deutsche Meisterin; 10 x Deutsche Pokalsiegerin; 2002 US-Meisterin; 8 x Deutschlands Fußballerin des Jahres; 2003, 2004, 2005 Weltfußballerin des Jahres; FIFA-Botschafterin für den Frauenfußball

Ferenc Puskás (Ferenc Puskás Biro)

Als Kapitän der ungarischen Nationalelf der 1950er-Jahre war er ein Star. Das Team bekam als eine der weltweit besten Mannschaften den Spitznamen „Goldene Elf". Ende der 1950er- und in den frühen 1960er-Jahren gestaltete Puskás dann die großen Erfolge von Real Madrid mit. Als Trainer reiste er nach Beendigung seiner aktiven Zeit rund um die Welt.
Geboren am: 2. April 1927 in Budapest, Ungarn
Gestorben am: 17. November 2006 in Budapest, Ungarn
Position: Stürmer
Vereine:
1943–1956 Kispest AC/Honvéd Budapest; 1958–1967 Real Madrid
Nationalmannschaft: 85 Länderspiele für Ungarn, 4 für Spanien
Erfolge/Auszeichnungen (Auswahl):
1952 Olympiasieger; 1960 Weltpokalsieger; 1959, 1960, 1966 Europapokal der Landesmeister; 6 x Ungarischer Meister; 5 x Spanischer Meister; 1962 Spanischer Pokalsieger; je 4 x Torschützenkönig in Ungarn und Spanien

Rivaldo (Rivaldo Vítor Borba Ferreira)

Er kommt aus sehr armen Verhältnissen und hat es als Fußballer zum absoluten Spitzenverdiener gebracht. In seiner stärksten Phase (Mitte der 1990er-Jahre bis Anfang 2000) zählte Rivaldo zu den weltweit erfolgreichsten und effektivsten Mittelfeldspielern. In der Nationalmannschaft spielte er mit Ronaldo und Ronaldinho und verhalf seinem Team 2002 zum WM-Titel.
Geboren am: 19. April 1972 in Jardin Paulista, Brasilien
Position: Mittelfeld
Vereine:
1990–1991 Paulista Pernambuco FC; 1992 Santa Cruz FC; 1993 Mogi Mirim EC; 1993–1994 SC Corinthians São Paulo; 1994–1996 Palmeiras São Paulo; 1996–1997 Deportivo La Coruña; 1997–2002 FC Barcelona; 2002–2003 AC Mailand; 2004 Cruzeiro Belo Horizonte; 2004–2007 Olympiakos Piräus; 2007–2008 AEK Athen; 2008–2010 Bunyodkor Taschkent; 2011 Mogi Mirim EC; 2011 FC São Paulo; 2012 Kabuscorp; ab 2013 São Caetano
Nationalmannschaft:
74 Länderspiele für Brasilien
Erfolge/Auszeichnungen (Auswahl):
2002 Weltmeister; 2003 Champions-League-Sieger; 1999 Copa-América-Sieger; 1994 Brasilianischer Meister; 1998, 1999 Spanischer Meister; 1998 Spanischer Pokalsieger; 2003 Italienischer Pokalsieger; 2005, 2006, 2007 Griechischer Meister; 2005, 2006 Griechischer Pokalsieger; 2008, 2009, 2010 Usbekischer Meister; 2008, 2010 Usbekischer Pokalsieger; 1993, 1994 Brasiliens Fußballer des Jahres; 1999 Europas Fußballer und Weltfußballer des Jahres

Romário (Romário de Souza Faria)

Insgesamt erzielte Romário über 900 Treffer – nach eigener Zählung hat er sogar die 1000 erreicht – und ist damit einer der erfolgreichsten Torjäger aller Zeiten. An Selbstbewusstsein mangelte es ihm nicht, nach seinem WM-Sieg mit Brasilien 1994 sagte er: „Ich bin der Beste der Welt!" – und als er 1998 brasilianischer Meister geworden war: „Als ich geboren wurde, hat der liebe Gott auf mich gezeigt und gesagt: Der ist es." Romário sorgte aber auch mehrfach für negative Schlagzeilen, z. B. weil er zu spät aus dem Urlaub zum Training zurückkam.
Geboren am: 29. Januar 1966 in Rio de Janeiro, Brasilien
Position: Stürmer
Vereine:
1980–1988, 2000–2002, 2005–2008 Vasco da Gama; 1988–1993 PSV Eindhoven; 1993–1995 FC Barcelona; 1995–1996, 1996–1997, 1998–1999 Flamengo Rio de Janeiro; 1996, 1997 FC Valencia; 2002–2004 Fluminense FC; 2003 Al-Sadd; 2006 Miami FC; 2006 Adelaide United
Nationalmannschaft: 70 Länderspiele für Brasilien
Erfolge/Auszeichnungen (Auswahl):
1994 Weltmeister; 1988 Silbermedaille bei den Olympischen Spielen; 1989, 1997 Copa-América-Sieger; 1997 Konföderationen-Pokal; 1989, 1991, 1992 Niederländischer Meister; 1989, 1990 Niederländischer Pokalsieger; 1994 Spanischer Meister; 2000 Brasilianischer Meister; 1989, 1990, 1991 Niederländischer Fußballer des Jahres; 1994 Weltfußballer des Jahres

Ronaldinho (Ronaldo de Assis Moreira)

Der offensive, trickreiche Mittelfeldspieler kann den Ball mit extrem hohem Tempo führen. Zu einem Freistoßtor der „Zaubermaus" gegen Werder Bremen sagte der damalige Bremer Keeper Tim Wiese: „An diesen Trick werde ich mich noch erinnern, wenn ich irgendwann einmal meine Karriere in der Kreisklasse als Stürmer ausklingen lasse." Seine größten Erfolge feierte Ronaldinho mit der brasilianischen Nationalmannschaft und dem FC Barcelona.
Geboren am: 21. März 1980 in Porto Alegre, Brasilien
Position: Mittelfeld
Vereine:
1998–2001 Grémio Porto Alegre; 2001–2003 Paris Saint-Germain; 2003–2008 FC Barcelona; 2008–2011 AC Mailand; 2011–2012 CR Flamengo; ab 2012 Atlético Mineiro
Nationalmannschaft: 97 Länderspiele für Brasilien
Erfolge/Auszeichnungen (Auswahl):
2002 Weltmeister; 1999 Copa-América-Sieger; 2006 Champions-League-Sieger; 2005, 2006 Spanischer Meister; 2005 Europas Fußballer des Jahres; 2004, 2005 Weltfußballer des Jahres

Ronaldo (Ronaldo Luíz Nazário de Lima)

Einer der erfolgreichsten Torjäger Brasiliens startete in seiner Jugend als Torwart, wechselte aber bald vors gegnerische Tor und wurde einer der besten Stürmer aller Zeiten. Gegen Ende seiner Karriere machten ihm gesundheitliche Probleme zunehmend zu schaffen. Seit 2003 setzt sich Ronaldo als UN-Botschafter – u. a. gemeinsam mit Zinédine Zidane – beim „Match against Poverty" der Vereinten Nationen für Projekte gegen die Armut ein.
Geboren am: 22. September 1976 in Rio de Janeiro, Brasilien
Position: Stürmer
Vereine:
1993–1994 Cruzeiro Belo Horizonte; 1994–1996 PSV Eindhoven; 1996–1997 FC Barcelona; 1997–2002 Inter Mailand; 2002–2007 Real Madrid; 2007–2008 AC Mailand; 2009–2011 Corinthians São Paulo
Nationalmannschaft: 98 Länderspiele für Brasilien
Erfolge/Auszeichnungen (Auswahl):
1994, 2002 Weltmeister; 1997, 1999 Copa-América-Sieger; 1997 Europapokal der Pokalsieger; 1998 UEFA-Pokal-Sieger; 2002 Weltpokalsieger; 2007 Klub-Weltmeisterschaft; 1993, 2009 Brasilianischer Pokalsieger; 1996 Niederländischer Pokalsieger; 1997 Spanischer Pokalsieger; 2003, 2007 Spanischer Meister; 1997, 2002 Europas Fußballer des Jahres; 1996, 1997, 2002 Weltfußballer des Jahres

Mit 15 Treffern in insgesamt drei Turnieren setzte sich Ronaldo 2006 an die Spitze der WM-Rekordtorjäger.

Cristiano Ronaldo (Cristiano Ronaldo dos Santos Aveiro)

Sein unerschütterliches Selbstbewusstsein ist nicht unbegründet: Real Madrid zahlte 2009 eine Rekordablösesumme von 94 Millionen Euro für den portugiesischen Flügelstürmer. Zu seiner Vorstellung im neuen Klub kamen über 80 000 Fans ins ausverkaufte Estadio Santiago Bernabéu. Seine überragende Schusstechnik macht ihn zum gefürchteten Schützen. Wegen seiner Körperhaltung bei Freistößen wird er auch „Pistolero" (Revolverheld) genannt. Das gehört ebenso zu seinen Markenzeichen wie sein doppelter Übersteiger, seine Beidfüßigkeit und Schnelligkeit. Cristiano Ronaldo liebt die Show auf und neben dem Platz.
Geboren am: 5. Februar 1985 in Funchal, Portugal
Position: Stürmer
Vereine:
2001–2003 Sporting Lissabon; 2003–2009 Manchester United; ab 2009 Real Madrid
Nationalmannschaft: Portugal
Erfolge/Auszeichnungen:
2008 Champions-League-Sieger; 2008 Klub-Weltmeisterschaft; 2007, 2008, 2009 Englischer Meister; 2004 Englischer Pokalsieger; 2011 Spanischer Pokalsieger; 2012 Spanischer Meister; 2007, 2008 Englands Fußballer des Jahres; 2008 Europas Fußballer und Weltfußballer des Jahres

Uwe Seeler und Pelé bei einem Benefizspiel in Braunschweig (1975).

Uwe Seeler

„Uns Uwe" blieb seinem Klub, dem HSV, immer treu. Er verzichtete 1961 sogar auf ein sehr lohnendes Angebot von Inter Mailand. Als Denkmal für ihn hat der HSV sich eine überdimensionale Nachbildung seines rechten Fußes aus Bronze vor das Stadion gestellt. Mit der Nationalmannschaft konnte Seeler nie einen großen Titel holen, trotzdem war er einer der beliebtesten Spieler Deutschlands. Er war der zweite Fußballer nach Fritz Walter, der zum Ehrenspielführer der Nationalelf ernannt wurde.
Geboren am: 5. November 1936 in Hamburg, Deutschland
Position: Stürmer
Verein:
1953–1972 Hamburger SV
Nationalmannschaft: 72 Länderspiele für Deutschland
Erfolge/Auszeichnungen (Auswahl):
1966 Vize-Weltmeister; 1960 Deutscher Meister; 1963 DFB-Pokalsieger; 1960, 1964, 1970 Deutschlands Fußballer des Jahres; 1974 Erster Torschützenkönig der Bundesliga (30 Tore); Ehrenspielführer der deutschen Nationalmannschaft

George (Tawlon Manneh Oppong Ousman) Weah

Er ist ein Held in seinem Heimatland Liberia. Dreimal wurde George Weah Afrikas Fußballer des Jahres und als erster afrikanischer Spieler zum Weltfußballer gewählt. In Europa wurde er in den 1990er-Jahren in der französischen und italienischen Liga zum herausragenden Angreifer. Nach seiner aktiven Sportlerlaufbahn stellte er sich für das Präsidentenamt in Liberia zur Wahl.
Geboren am: 1. Oktober 1966 in Monrovia, Liberia
Position: Stürmer
Vereine:
1987–1988 Tonnerre Kalara Club de Yaoundé; 1988–1992 AS Monaco; 1992–1995 Paris Saint-Germain; 1995–2000 AC Mailand; 2000 FC Chelsea; 2000 Manchester City; 2000–2001 Olympique Marseille; 2001–2003 Al-Jazira Club
Nationalmannschaft: 60 Länderspiele für Liberia
Erfolge/Auszeichnungen (Auswahl):
1986, 1987 Liberischer Meister; 1988 Meister in Kamerun; 1991, 1993, 1995 Französischer Pokalsieger; 1994 Französischer Meister; 1996, 1999 Italienischer Meister; 2000 Englischer Pokalsieger; 1989, 1994, 1995 Afrikas Fußballer des Jahres; 1995 Weltfußballer und Europas Fußballer des Jahres, 1998 Afrikas Fußballer des Jahrhunderts

Zinédine (Yazid) Zidane

Eine äußerst geschickte Ballbehandlung und präzise Schüsse machten „Zizou" zu einem der ganz Großen. Der geniale Fußballer gilt als zurückhaltend, konnte aber auf dem Platz plötzlich ausrasten. In seinem letzten Spiel, dem Finale der WM 2006, rammte er seinen Kopf mit Wucht in die Brust von Marco Materazzi (Italien). Dafür sah Zidane berechtigt die Rote Karte, auch wenn der Italiener ihn zuvor böse provoziert hatte.
Geboren am: 23. Juni 1972 in Marseille, Frankreich
Position: Mittelfeld
Vereine:
1988–1992 AS Cannes; 1992–1996 Girondins Bordeaux; 1996–2001 Juventus Turin; 2001–2006 Real Madrid
Nationalmannschaft: 108 Länderspiele für Frankreich
Erfolge/Auszeichnungen:
1998 Weltmeister; 2000 Europameister; 1996, 2002 Weltpokalsieger; 2002 Champions-League-Sieger; 1997, 1998 Italienischer Meister; 2003 Spanischer Meister; 1998, 2002 Frankreichs Fußballer des Jahres; 1998 Europas Fußballer des Jahres; 1998, 2000, 2003 Weltfußballer des Jahres

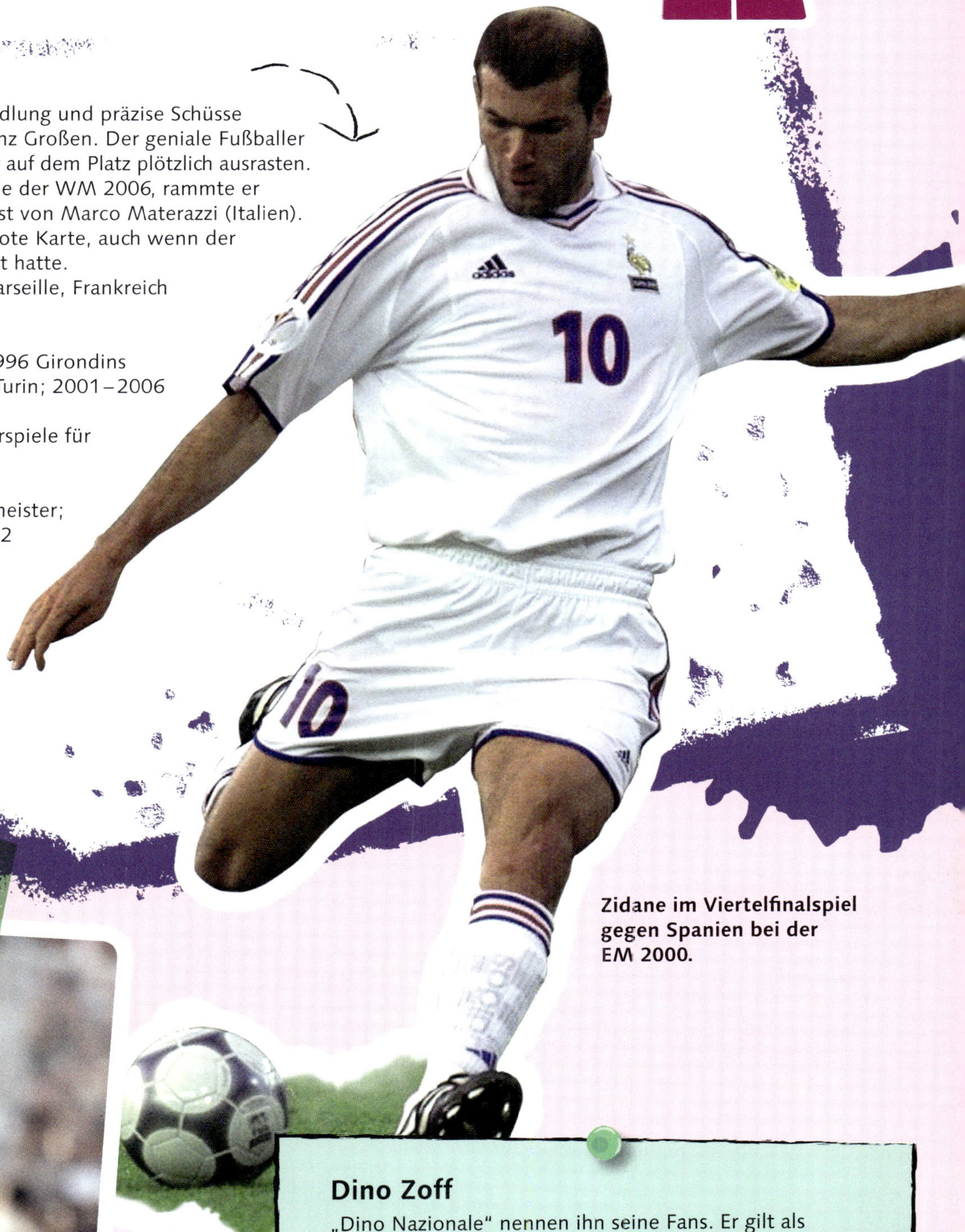

Zidane im Viertelfinalspiel gegen Spanien bei der EM 2000.

Dino Zoff

„Dino Nazionale" nennen ihn seine Fans. Er gilt als einer der größten Keeper aller Zeiten. Bei vier Weltmeisterschaften stand er für Italien im Tor, als 40-Jähriger gewann er 1982 endlich den Titel. Nach seiner aktiven Zeit auf dem Platz holte er als Trainer 1990 mit Juventus Turin die Coppa Italia und den UEFA-Pokal und wurde mit der italienischen Nationalmannschaft 2000 Vize-Europameister.
Geboren am: 28. Februar 1942 in Mariano del Friuli, Italien
Position: Torwart
Vereine:
1961–1963 Udinese Calcio; 1963–1967 AC Mantova; 1967–1972 SSC Neapel; 1972–1983 Juventus Turin
Nationalmannschaft: 112 Länderspiele für Italien
Erfolge/Auszeichnungen:
1982 Weltmeister; 1968 Europameister; 1977 UEFA-Pokal-Sieger; 6 x Italienischer Meister; 1979, 1983 Italienischer Pokalsieger

Ampeln, Bananen und Schwalben – Begriffe aus der Fußballwelt

Abstieg
Klub muss zum Saisonende in die nächstniedrigere Spielklasse (Liga) wechseln

Ampelkarte
Gelbe Karte, auf die sofort eine Rote Karte (und damit der Platzverweis) folgt, weil der Spieler zuvor schon mit Gelb verwarnt worden ist

Anschlusstreffer
Treffer für die zurückliegende Mannschaft, der die Tordifferenz zum Gegner von zwei Toren auf eins verringert, sodass der Ausgleich wieder möglich ist

Aufstellung
Spieler und ihre Positionen auf dem Platz zu Spielbeginn; wird vom Trainer festgelegt und kurz vor Anpfiff bekanntgegeben

Aufstieg
Klub spielt in der kommenden Saison in der nächsthöheren Spielklasse

Ballbesitz
Spieler einer Mannschaft kicken den Ball zwischen sich hin und her bzw. ein Spieler führt den Ball und ist im *Ballbesitz*

Ballkontakt
Ballberührung

Bananenflanke
weiter, hoher Schuss (⟶ Flanke) mit gekrümmter Flugbahn

Blutgrätsche
brutales, rücksichtsloses Hineinrutschen in die Beine des Gegners mit gestrecktem Bein

Distanzschuss
Schuss aufs Tor aus großer Entfernung

Doping
verbotene Einnahme von Mitteln zur Leistungssteigerung

Double
Gewinn der nationalen Meisterschaft und des nationalen Pokal-Wettbewerbs in derselben Saison

Effet
Drall, der die Flugbahn des Balls verändert

Eigentor
unabsichtlicher, unglücklicher Treffer ins eigene Tor

eingleisige Liga
eine gemeinsame Liga (im Gegensatz zu mehreren parallel stattfindenden Wettbewerben in unterschiedlichen Landesteilen)

enge Kiste
Reporterfloskel: Das wird eine *enge Kiste* = eine knappe Entscheidung

Fahrstuhlmannschaft
Klub, der häufig auf- und absteigt

Fahrt aufnehmen
Reporterfloskel: Das Spiel *nimmt Fahrt auf* = gewinnt an Tempo

Fair Play
faires Verhalten über vorgeschriebene Regeln hinaus

Finte
Austricksen des Gegners mit dem Ball durch Antäuschen einer Aktion (z. B. ⟶ Übersteiger)

Flanke
von den Seiten geschossener, hoher langer Ball vors gegnerische Tor

Flügelstürmer
Spieler, der über die Seiten nach vorne stürmt

Grätsche
Spieler rutscht mit gestrecktem Bein flach über den Boden in den Ball, um den Gegner vom Ball zu trennen

Grottenkick
unglaublich schlechtes, langweiliges Fußballspiel

Hackentrick
Änderung der Flugbahn des Balls durch Kicken mit der Ferse

Hattrick
drei Tore eines Spielers in einem Spiel

Heimmannschaft
das Team, das Gastgeber eines Matchs ist, also auf dem eigenen Platz vor heimischem Publikum antritt

Kader
alle Spieler eines Vereins oder eines Nationalteams, die in einer Saison oder für einen Wettbewerb zur Verfügung stehen und eingesetzt werden dürfen

Kellerduell
Spiel zweier Mannschaften auf den unteren Tabellenplätzen

Klassenerhalt
den *Klassenerhalt* schaffen = in der aktuellen Spielklasse bleiben, den Abstieg vermeiden

Konter
Gegenangriff

Kreuzeck
rechte oder linke obere Ecke im Tor

La-Ola-Welle
von begeisterten Zuschauern auf den Rängen durch Aufstehen und Hinsetzen erzeugte Welle

Legionär
Spieler, der bei einem Klub im Ausland unter Vertrag ist

Libero
Abwehrspieler ohne direkten Gegenspieler, der auch den Angriff des eigenen Teams mitgestaltet; heute so gut wie nicht mehr im Einsatz

Lupfer
frecher Schuss, bei dem der Ball ohne viel Kraft im Bogen z. B. über einen Gegenspieler gehoben wird

mauern
sehr defensiv spielen, mit vielen Spielern den Weg zum Tor zustellen

Mittelfeldregisseur
Spielgestalter im Mittelfeld

Nachschuss
erneuter Schuss aufs Tor, wenn ein Angreifer nach einer Abwehraktion der Gegner direkt wieder an den Ball kommt

Pflichtspiel
offizielles Wettkampfspiel

Profi
Berufsfußballer

Qualifikation
Spiele, bei denen die Berechtigung zur Teilnahme an einem Wettbewerb erkämpft wird

Rasenschach
sehr vorsichtiges, taktisches Spiel

Rekordmeister
Verein, der die Meisterschaft am häufigsten gewonnen hat

Rudelbildung
Gedränge mehrerer Spieler beider Teams, die streiten, protestieren und handgreiflich werden

Schiedsrichterball
Spielfortsetzung nach Unterbrechungen, für die es keine andere Regelung gibt, z. B. nachdem der Ball kaputtgegangen ist, der Schiedsrichter unbegründet gepfiffen hat oder ein Zuschauer auf den Platz gelaufen ist; der Schiedsrichter lässt den Ball zwischen den Spielern aufs Spielfeld fallen

Schwalbe
Aktion, bei der sich ein Spieler fallen lässt, als wäre er gefoult worden, ohne dass dies tatsächlich passiert ist

Schwalbenkönig
Spieler, der häufig versucht, durch Schwalben einen Vorteil für seine Mannschaft herauszuholen

Standardsituation
Situationen, bei denen durch die Regeln vorgegeben ist, wie der Ball ins Spiel gebracht wird, z. B. Eckstoß und Freistoß

Startelf
die elf Spieler eines Teams, die zu Beginn des Spiels auf dem Platz stehen

taktisches Foul
bewusst eingesetztes Foul, das dazu dient, einen Angriff zu unterbrechen; in der Regel ohne Verletzungsgefahr für den Gegner

Torwartparade
Reaktion des Torhüters, mit der er einen Ball abwehrt und einen Treffer verhindert

Trainerkarussell
Entlassungen und Neuverpflichtungen von Trainern und deren Wechsel zwischen den Klubs

Übersteiger
Trick zur Richtungsänderung beim Dribbeln: der Schussfuß wird auf die andere Seite des Balls gesetzt und der Ball mit dem Außenspann des anderen Fußes weitergekickt

unhaltbar
unmöglich für den Torwart, den Treffer zu verhindern

Volley
aus der Luft geschossener Ball, bevor dieser den Boden berührt

vorbelastet
Spieler ist bereits im Wettbewerb so oft verwarnt worden, dass eine weitere Gelbe Karte seine Sperre bedeutet

Vorteil
Schiedsrichter kann das Spiel trotz eines Regelverstoßes weiterlaufen lassen, wenn das andere Team in Ballbesitz und dadurch im *Vorteil* ist

Zitterpartie
sehr knappes Fußballmatch, bei dem eine Mannschaft ihren Vorsprung mit Glück bis zum Schlusspfiff rettet

zwölfter Mann
die Fans im Stadion

Fußball im Internet

Noch mehr Lust auf Fußball? Viele weitere Informationen zum Thema findest du im Internet. Hier eine Auswahl an Links.

Hintergrundinfos und Spielergebnisse:

de.fifa.com Die offizielle Internetseite der FIFA informiert über den Weltfußballverband, über die Geschichte des Spiels und seine Regeln, über internationale Wettbewerbe einschließlich der Ergebnisse und vieles mehr.

www.uefa.de Die Homepage der UEFA bietet Informationen zum europäischen Fußballverband, zu den Mitgliedsverbänden, zu europäischen Wettbewerben, Klubs und Spielern und vieles mehr.

www.dfb.de Die Homepage des Deutschen Fußball-Bundes beschäftigt sich unter anderem mit den deutschen Klubs und ihren Spielen, den deutschen Nationalmannschaften und ihren Wettbewerben sowie dem Fußballnachwuchs.
www.dfb.de/index.php?id=511633 Direkter Link zum DFB-Nachwuchs.
www.dfb.de/index.php?id=511634 Hier informiert der DFB über Mädchenfußball.
www.dfb.de/index.php?id=508102 Vereine für Mädchen und Frauen nach Postleitzahlen geordnet.
www.dfb.de/index.php?id=511700 Link zu den Seiten der deutschen Nationalmannschaft der Männer.

www.bundesliga.de Die offizielle Website der deutschen Bundesliga zeigt Spielergebnisse und Tabellenplätze, liefert aktuelle Meldungen und viele Hintergrundinformationen.

http://50jahre.bundesliga.de 50 Jahre Bundesliga von 1963–2013 werden hier in zahlreichen Artikeln, Fotos und Videos lebendig.

www.fussball.de Die Plattform zeigt Fußballergebnisse von den deutschen Amateuren bis hin zu Nationalmannschafts-Wettbewerben.

www.oefb.at Die Homepage des österreichischen Fußballbunds informiert über das Nationalteam, über Frauenfußball in Österreich, den Nachwuchs und vieles mehr.

www.bundesliga.at Hier findet man alles zur österreichischen Fußball-Bundesliga.

www.football.ch Der schweizerische Fußballverband liefert auf seiner Homepage unter anderem Berichte und Ergebnisse aus den schweizerischen Ligen und von der Nationalmannschaft.

Kinderseiten:

http://paule.dfb.de Nationalmannschaftsmaskottchen Paule führt durch die DFB-Seite für junge Fans mit Berichten über die deutsche Nationalmannschaft, den Fußballnachwuchs, deutsche Spieler und Vereine, den DFB ...

www.fd21.de „Fußball in Deutschland im 21. Jahrhundert" bedeutet die Abkürzung im Namen der Website. Fußballstars geben Trainingstipps, Fachbegriffe werden verständlich erklärt, es gibt eine eigene „Girls Zone" und vieles mehr.

www.kidsville.de/atelier/quatschlexikon/ Im „Fußball-Quatsch-Lexikon" können Kinder ihre eigenen lustigen Erklärungen zu Fußballbegriffen erfinden und sie mit anderen teilen. Alle Beiträge und Kommentare auf der werbefreien Seite werden redaktionell geprüft.

www.sportspatz.de „Sportspatz", das „Sportportal für Kinder im Internet", bringt unter anderem aktuelle Meldungen zu verschiedenen Sportarten. Berichte vom Fußball machen einen großen Teil davon aus. Auf der werbefreien Seite können Kinder nach ihrer Anmeldung Beiträge und Kommentare schreiben.

Ausflugsziel:

www.dfb-fussballmuseum.de Ende 2014 soll das DFB-Fußballmuseum in Dortmund eröffnet werden und in seiner Ausstellung deutsche Fußballgeschichte erfahrbar machen.

Die Inhalte aller Internetadressen in diesem Buch wurden mit größtmöglicher Sorgfalt ausgesucht. Die Inhalte der Seiten können aber jederzeit von den Anbietern geändert werden. Daher übernehmen wir trotz sorgfältiger Prüfung keine Haftung für die Richtigkeit, Vollständigkeit und Aktualität dieser Webseiten.

Register

Bildnachweis

o. = oben, u. = unten, l. = links, r. = rechts, M. = Mitte, H. = Hintergrund, S. = Silhouette

Umschlag: istockphoto.com/bruce7 (u.); istockphoto.com/Jamie Farrant (o.); istockphoto.com/OSTILL (Aufkleber)

Vorsatz/Nachsatz: 123RF/Rungaroon TAWEEAPIRADEEMUNKONG (o.); iamsania/fotolia.com (u.)

Innenteil: Amy Myers/fotolia.com: Seite 52 u.; beermedia/fotolia.com: Seite 7 (Ball), 12/13, 40/41; by-studio/fotolia.com: Seite 96/97 H.; Elnur/fotolia.com: Seite 14 l.; Familie Schöll: Seite 58 o.; Frank Rohde/fotolia.com: Seite 7 H., 25 H., 37 H., 51 H., 59 H., 79 H., 87 H., 101 H., 123 H.; Guido Grochowski/fotolia.com: Seite 16 u.; iamsania/fotolia.com: Seite 59 u., 66 – 69 S., 136 u.; jogyx/fotolia.com: Seite 20/21 H.; Lucky Dragon USA/fotolia.com: Seite 15 u., 42 u.; LVDESIGN/fotolia.com: Seite 52 o.; massimhokuto/fotolia.com: Seite 17 r.; Nataliia Bielous/fotolia.com: Seite 37 (Tor), 43 o.; picture alliance/africamediaonline: Seite 111; picture alliance/Annegret Hilse: Seite 97; picture alliance/AP Photo: Seite 13 o.; picture alliance/ASA: Seite 88 o., 128 u., 130 u., 131 l.; picture alliance/augenklick/firo Sportphoto: Seite 30 o., 32, 34, 47, 81, 84, 94; picture alliance/augenklick/GES: Seite 7 S., 14, 42 o., 46, 94/95, 103 u., 104/105, 120, 138 o. S.; picture alliance/augenklick/KUNZ: Seite 109; picture alliance/augenklick/Lacy Perenyi: Seite 106, 107, 116 o., 121 M., 134 o.; picture alliance/augenklick/Rauchensteiner: Seite 51 S., 54/55; picture alliance/CITYPRESS 24: Seite 75, 77 u.; picture alliance/Claus Bergmann: Seite 44/45 u.; picture alliance/dpa: Seite 12, 15 o., 20, 21 u., 23 u., 25 S., 26/27, 28/29, 37 S., 43 u., 48, 49, 60/61 u., 65 u., 68, 69 u., 74, 80, 82, 91 o., 87 S., 92 u., 96, 99 o., 103 o., 113 M., 118, 119, 124, 125 o., 133 o.; picture alliance/dpa-Report: Seite 16 M., 21 o., 61 o., 72, 126 u., 130 o.; picture alliance/dpa-Sportreport: Seite 69 o., 88 u., 98, 108, 110 o., 116 M., 101 S., 121 o. l., 127 o., 131 r., 135 o.; picture alliance/Eibner-Pressefoto: Seite 31 u., 76; picture alliance/empics: Seite 9, 83, 92 o.; picture alliance/ESTADO CONTEUDO: Seite 99 u.; picture alliance/Foto Huebner: Seite 38; picture alliance/Gladys Chai von der Laage: Seite 77 o.; picture alliance/Imagno: Seite 8/9; picture alliance/Mark Leech: Seite 133 u.; picture alliance/Mika: Seite 35, 78, 88/89 u.; picture alliance/Norbert Schmidt: Seite 23 o.; picture alliance/nordphoto: Seite 59 S., 63 o.; picture alliance/Pressefoto Baumann: Seite 19, 114, 125 u., 129 o.; picture alliance/Pressefoto Ulmer/Alberto Lingria: Seite 90/91 u.; picture alliance/Pressefoto Ulmer/Bjoern Hake: Seite 56 u., 126 o.; picture alliance/Pressefoto Ulmer/Claus Cremer: Seite 17 l., 117; picture alliance/Pressefoto Ulmer/Florian Eisele: Seite 129 u.; picture alliance/Pressefoto Ulmer/Lukas Coch: Seite 66; picture alliance/Pressefoto Ulmer/Markus Ulmer: Seite 30 u., 31 o., 44, 56/57 o., 93; picture alliance/Rzepka-Pressefoto: Seite 113 o., 115 l.; picture alliance/Sven Simon: Seite 18, 22, 33, 45 o., 62, 63 u., 65 o., 67, 70/71, 110 u., 115 r., 131 u. S., 127 u., 132, 135 u.; picture alliance/United Archives/TopFoto: Seite 128 o.; picture alliance/Wolfgang Weihs: Seite 123 S., 134 M.; picture alliance/ZUMA Press: Seite 79 S., 85, 138 u. S.; saschi79/fotolia.com: Seite 24; scarlett/fotolia.com: Seite 53 u.; Smileus/fotolia.com: Seite 7, 10/11, 64 (Ball); Spencer/fotolia.com: Seite 10/11 H.; termis 1983/fotolia.com: Seite 53 o.; tolotola/fotolia.com: Seite 58 u.; VRD/fotolia.com: Seite 101 (Weltkugel); white/fotolia.com: Seite 86, 113 u.; Zerbor/fotolia.com: Seite 59, 64 (Karte)